子どもを
一流
ホワイト企業
に内定させる方法

改訂新版

竹内健登
Kento Takeuchi

日経BP

はじめに　コロナ禍を経て厳しさを増す就活に不可欠な「親の力」

本書は、**就活生の親御さんに向けた就活支援書**です。タイトルにもあるように、**あなたのお子さんを「一流ホワイト企業」に内定させること**を目的としています。

昨今、就活市場は「売り手市場」といわれています。実際、ここ数年の就職率は95%を超えるなど、その状況が反映された統計データを目にしたことのある方も多いでしょう。

しかし、いざ学生たちに目を向けると、見える風景はガラリと変わります。というのも、売り手市場なのは学生にあまり人気のない小売業や建設業ばかりで、多くの学生や親御さんが希望するような業界・会社のほとんどは、買い手市場であるからです。結果、非常に多くの学生たちが、**内定を思うように得られず、人生に迷い、挫折を経験している**――それが、学生から見た就活なのです。

この学生たちの苦悩と社会とのギャップは、ここ数年、ますます深刻になってきているように感じます。

実際、学生は就活を始めるや否や、厳しい現実に直面することになります。

まず、多くの学生は、本書でご紹介するような「一流ホワイト企業」への内定を目指します。ということは、裏を返せば、**一部の人気企業に応募が殺到している**ということです。これらの企業を目指すならば、**学歴や留学経験、あるいは人柄や性格のよさだけでは太刀打ちできません。**

さらに、多くの学生は**「手探り状態」**で就活をしています。

「企業の求める人物像」も知らず、十分な対策も準備もしないまま選考に突入し、企業からの「お祈りメール（不採用通知。「ご縁がなかった」などの表現ののち、「○○様の今後ますますのご活躍をお祈り申し上げます」などと締めくくられることから、このように呼ばれることとなった）」を受け取ることになります。

理由もわからず、ただ拒絶されれば、どんな学生も傷つきます。「自分みたいな人間は、どの企業にも入れない」と思い詰めてしまう学生も少なくありません。

本書では、そのような過酷な状況を打開すべく、親御さんにできること、していただきたいことをご紹介します。親御さんのアドバイスとサポートによって、就活はだいぶスムーズに進めることができます。言ってしまえば、**親御さんの力がお子さんの就活の成否を分ける**といっても過言ではない——そんな時代になっていると私は感じています。

私はこれまで長年にわたり、自分自身が学生と接しながら就活指導を行なってきましたが、

「親御さんの的確なアドバイスを得たとたんに、お子さんの就活がうまく回り始め、驚くほど多くの内定を獲得できた！」

というケースは数えきれません。本書では、その実例もご紹介しながら、お子さんの就活成功のカギをお伝えしていきます。

就活生のお子さん、あるいはこれから就活に挑もうとするお子さんを持つ方は、なるべく早く、就活を理解してください。そこから正しいサポートや指導をすることで、あなたのお子さんは**余計な苦労を強《し》いられることなく、そして後悔なく一流ホワイト企業に内定できる**でしょう。

「自分の子どもは、就活にほとんど興味がなく、行きたい業界も企業もはっきりしない」

という方でも、本書を手に取るのに早すぎることはありません。本書には、離職率や経営状態、働く社員の満足度などから算出した「一流ホワイト企業100社」のリストと、それらの企業に挑戦するためのヒントといった情報――大学のキャリアセンターや人材紹介会社では得られない情報――も掲載します。本書を通して、お子さんがご自身の進路をじっくり考えることもできるでしょう。

本書は「リアルな就活」に対応できる、実践的な内容です。ぜひ、あなたのご家庭の子育ての総仕上げにお役立てください。

本書の「どこ」を読んだら、あなたのお子さんが内定を取れるのか？

ここで、本書の構成と、章ごとの目的をお伝えしておきます。

まず序章では、みなさんに就活のリアルを知っていただくべく、私と弟の就活体験をお伝えします。私も弟も東京大学を卒業していますが、実は2人とも、就活に「失敗」し、希望とは異なる社会人生活をスタートしなければなりませんでした。

私たち兄弟の事例は決して珍しいものではありません。**今の時代は、東大生すら就活に苦労している**のです。本章に目を通していただければ、なぜ私たちの就活がうまくいかなかったのか、**うまくいった学生と何が違ったのか**をおわかりいただけるでしょう。

1章では現代の就活の特徴を明らかにし、「なぜ就活に親御さんの支援が不可欠なのか」をお話しします。内定に必要な能力をつけていくための前提となる知識と情報を集めていますので、先をお急ぎの方もこの章は飛ばさずお読みください。

次に2章では、本書の核である「一流ホワイト企業」の条件を明らかにし、それに該当する**100社を選抜してランキング形式でお伝えします。**本章をご覧いただければ、企業研究をする際のポイントもおわかりいただけるでしょう。「社会人としてのキャリアを一流ホワイト企業で始める」ということの本当の意味もお伝えできればと思っています。

3章では、**「一流ホワイト企業が求める学生像」**と、**「お子さんの就活成功のために親御さんに取り組んでいただきたいこと」**を明らかにしていきます。

ここで紹介する評価項目は、どんな業界・企業を志望する場合にも活用できるはずです。

4章では、「一流ホワイト企業」特有の選考フローと対策に焦点を当てて、3章で紹介した項目の具体的事例を取り上げます。本章に目を通すことで、**実際の選考のイメージを醸成する**ことができるでしょう。また、企業から難しい課題を与えられ困っている場合にも参考になるはずです。

そして最後の5章では、就活のちょっとしたポイントや、当社が運営している就活スクール「ホワイトアカデミー」に寄せられる悩みを、Q&A形式で紹介していきます。

以上がこの書籍の概要です。ぜひ本書を通じて、お子さんを最高のファーストキャリアに導いてあげてください。少しでも多くのご家庭の、お役に立てれば幸いです。

※本書籍の記載は、２０２２年12～２０２３年1月時点のものです。社名や業績など、変化することがありますのでご了承ください。なお、各社の平均年収・離職率は『就職四季報』（東洋経済新報社）の許可のもと、転載しています。

ここで紹介する評価項目は、どんな業界・企業を志望する場合にも活用できるはずです。

４章では、「一流ホワイト企業」特有の選考フローと対策に焦点を当てて、３章で紹介した項目の具体的事例を取り上げます。本章に目を通すことで、**実際の選考のイメージを醸成する**ことができるでしょう。また、企業から難しい課題を与えられ困っている場合にも参考になるはずです。

そして最後の５章では、就活のちょっとしたポイントや、当社が運営している就活スクール「ホワイトアカデミー」に寄せられる悩みを、Ｑ＆Ａ形式で紹介していきます。

以上がこの書籍の概要です。ぜひ本書を通じて、お子さんを最高のファーストキャリアに導いてあげてください。少しでも多くのご家庭の、お役に立てれば幸いです。

※本書籍の記載は、２０２２年12～２０２３年１月時点のものです。社名や業績など、変化することがありますのでご了承ください。なお、各社の平均年収・離職率は『就職四季報』（東洋経済新報社）の許可のもと、転載しています。

私たち兄弟の事例は決して珍しいものではありません。**今の時代は、東大生すら就活に苦労しているのです。**本章に目を通していただければ、なぜ私たちの就活がうまくいかなかったのか、**うまくいった学生と何が違ったのか**をおわかりいただけるでしょう。

1章では現代の就活の特徴を明らかにし、「なぜ就活に親御さんの支援が不可欠なのか」をお話しします。内定に必要な能力をつけていくための前提となる知識と情報を集めていますので、先をお急ぎの方もこの章は飛ばさずお読みください。

次に2章では、本書の核である「一流ホワイト企業」の条件を明らかにし、それに該当する**100社を選抜してランキング形式でお伝えします。**本章をご覧いただければ、企業研究をする際のポイントもおわかりいただけるでしょう。「社会人としてのキャリアを一流ホワイト企業で始める」ということの本当の意味もお伝えできればと思っています。

3章では、**「一流ホワイト企業が求める学生像」と、「お子さんの就活成功のために親御さんに取り組んでいただきたいこと」**を明らかにしていきます。

CONTENTS

第2章　大公開！「一流ホワイト企業」TOP100

CONTENTS

第5章　よくある親御さんからのQ＆A

序章

「東大卒でも就活がうまくいかない」のはワケがある

「せっかく20年間育てて東大にも入れたのに、なんでそんな会社にしか入れないの⁉」

……これは私が就活中に、母親から言われた言葉です。母からすると当然の一声だったと思います。なにせ私は、早稲田中学・早稲田高校と私立の中高に通い、かつ、進学塾にも高いお金を払ってもらってやっとのことで東京大学に入ったのですから。

親に払ってもらった教育費は、ゆうに１０００万円を超えています。当然、親としては、就活では〝いい企業〟から内定がもらえるはずだろう、というわけです。

しかし、現実はそうはなりませんでした。

総合商社、金融機関、大手メーカー……人気の企業、名前を知っている企業を手あたり次第に受け、立て続けに落ちてしまいました。その後、就職エージェントに頼り、唯一、得られた内定が静岡県にある中小企業（技術系ベンチャー）でした。そのときに母に言われたのが、冒頭の言葉だった、というわけです。この言葉は、まるで車のタイヤを背負い込んだかのような重荷として、ずっしりと私の肩にのしかかりました。

そうして、親からのプレッシャーと、「ここまで育ててもらったのに……」という罪悪感から、私はずたずたになった精神を奮い立たせて、もう一度、就活をしました。しかし、その後どれだけ企業に応募しても、私が選考を突破することはありませんでした。

唯一内定をもらった技術系ベンチャー企業の内定者研修に参加することになりましたが、志望度も高くなく、母親から「そんな会社」と言われた企業です。当然、しっくりくることなどなく辞退してしまい、1年間の就職留年（休学）をすることとなりました。

まさに、「就活に挫折」した私は、ビジネススクールに通うことにしました。そのおかげで就活2年目にはデロイト トーマツ グループからの内定を得ることができ、苦難の末に、なんとかコンサルタントとしてのファーストキャリアを歩むこととなりました。1年目の就活で心身ともにずたずたになった私としては、ほっと胸をなでおろしたものです。

けれどもその3年後、竹内家に再び悲劇が襲いかかります。弟の就活でした。弟もまた東大で、しかも薬学部でした。にもかかわらず、希望していた製薬会社すべてから、「不採用」となったのです。最終的に内定を得られたのは、製薬事業とは何も関係のない中堅企業だけでした。再び母親としては、

「なぜ、東大の薬学部なのに、大手の製薬会社に落ちるの？」

と叫ばんばかりだったでしょう。私も、本当に不思議でした。

弟は決して落ちこぼれではありません。大学の成績もいいし、TOEIC®だって99

0点満点中、９７５点。「就活と勉強とは違う」と言われればそれまでですが、それにしたってとうてい納得できる結果ではありませんでした。

学校の成績とも入社後の評価とも違う「就活の成功法則」とは？

自分自身の就活の経験と、弟の就活で感じた疑問から、私はその後、就活について研究をすることにしました。業界について、企業について、内定をもらえる学生ともらえない学生について、学生に対する評価基準について……様々な角度から研究を始めて5年ほどたった頃、ようやく、**「就活の真実」**が見えてきました。

さて、この書籍を手に取ってくださっているあなたは、お子さんの就活について、あるいは将来について考えていらっしゃることと思います。

人によってはまさに今、お子さんが就活中かもしれません。就活に苦戦しているわが子を見て、「おかしいなあ」と思っている方もいるでしょう。選考にバンバン落とされて落ち込んでいる様子に、心を痛めている方もいるでしょう。

そんな方々に、私が身をもってお伝えしたいことは、

「お子さんだけでなく、**親御さんも頑張り時は〝今〟だ！**」

ということです。現代の就活は、本当にものすごく大変です。何十社も説明会を回って気の遠くなるような分量のエントリーシート（ＥＳ）を書き、筆記試験を受けて、一次・二次・三次の面接。時には圧迫面接（面接官が学生に対して意地悪な質問をしたり、わざと否定的な態度をとったりしてくる面接）を受けなければいけないこともあるでしょう。

体力的にも精神的にも、就活はかなりつらいものです。事実、ＮＰＯ法人ＰＯＳＳＥ《ポッセ》が学生約６００人を対象に調べたところによると、

「学生の7人に1人は、就活でうつ（就活うつ）になる」

という結果も出ています。これほど就活はストレスフルなのです。

さらに、その荒波を乗り越えて内定がもらえたとしても、その内定先に納得できないなどの理由で、入社後1年も経たずに会社を辞めてしまう若者もいます。こうしてキャリアに傷をつけてしまえば、その後も望む仕事には就けません。転職活動をしても社会の風当たりは厳しく、そのまま引きこもってニートとなってしまったりすることさえあるのです。

そうなってから、

「就活をもっと頑張っていれば……」

と思っても、取り戻すことはできません。「子どもの就活」といえど、お子さんの人生だけでなく、**家庭そのものにもヒビが入ってしまうこともあり得る**のです。


　このような就活の実情が徐々に知られてきたためか、当社が運営している就活スクール「ホワイトアカデミー」には、学生だけでなく、親御さんもしばしば来校されます。そして親御さんはみな、

「子どもの就活を甘く見ていた。全然うまくいっていない」

「今の就活がこんなに厳しいとは思わなかった」

と悩みを漏らされます。とくに選考の最盛期には、１カ月間に３００件もの親御さんからのご相談が寄せられることもあるほどです。そして現代の就活について私がお話をすると、一様にご自身の就活への考えの甘さを痛感され、

「これからでも間に合う、子どもが一流ホワイト企業に内定できる方法があれば、教えてほしい」

「就活に挫折した息子はもう引きこもりに近い。こんな状態でもきちんとした会社に入るにはどうしたらいいか」

などとおっしゃいます。あるいは、ご自身が公務員だったり大学卒業後すぐに専業主婦になったりされた方などは、

「民間の企業に就職しようとしている子どもを、どう支援したらいいのか……。いい方法を教えてほしい」

と言うのです。

学生さんなり親御さんなりが、このように当社の門を叩いてくだされば、もちろん私は誠心誠意ノウハウをお伝えし、当スクールのプロの講師陣がお子さんの就活をサポートする態勢を整えます。

当スクールはおかげさまで、今のところ**ホワイト企業内定率１００％**（すべての学生さんが、少なくとも1社はホワイト企業から内定を得ている状態）ですから、スクールに入学していただければ親御さんの悩みも解決できるでしょう。

しかし、当社のようなスクールにお子さんを預けるとなると、やはりそれなりに学費がかかってしまいます。大学の学費も決して安くはない今のご時世、さらに就活スクールも、となると二の足を踏む方も多いのではないでしょうか。

そこで、少しでも多くのお子さんと親御さんの悩みを軽くしたい、という思いから、本

書を執筆するに至りました。ぜひ本書を手に取ってくださっている親御さんが先生となって、お子さんがスムーズに社会人になるための支援をしてあげてください。

一流ホワイト企業に入れる人、入れない人――その決定的な差は？

「竹内先生、大手企業10社から内定をもらったんですが、どこを選んだらいいでしょうか。ほかに市役所からも内定をもらってますが、ちょっと自宅から遠いんで、そこは辞退しようかと」

　これは、当スクールでトレーニングを積んできた学生の言葉です。スクール生の中には、一流ホワイト企業――たとえば味の素や資生堂などの人気メーカーやＮＴＴのような通信会社、はたまた全農（全国農業協同組合連合会）のようなみなし公務員企業に軒並み内定する学生もいます。人気企業からの内定を多数もらって、

「どこにしようかな～、○○自動車は、なんとなく合わなそうなんだよな～」

なんて贅沢な悩みを抱えている学生もいるくらいです。こんな学生は何が違うのでしょ

うか？　留学経験の有無でしょうか？　大学のブランドでしょうか？　大学で優秀な成績を取っていることでしょうか？

いいえ、正直、右に挙げたものはすべて、「一流ホワイト企業から内定を得る」うえでは関係ありません。私がたどりついた「一流ホワイト企業から内定を得られる学生」の条件は大きく2つです。

1つめは、**「企業から何が評価されるのかを知っているかどうか」**。そして2つめは、**「企業から評価される力を得る機会が、与えられているかどうか」**です。この2つめこそ、とくに親御さんの力をお借りしたい点です。

まず1つめの「企業から何が評価されるかを知っているかどうか」。評価内容を事前に知って取り組んでいる人とまったく知らずに取り組んでいる人とでは当然、結果が違ってきます。受験にたとえれば、「記述式問題が多く出る東大を受けるのに、選択式問題ばかりをトレーニングしていれば、当然落ちるだろう」ということです。

もちろん就活では、知識だけではなく実技面を評価する試験もありますが、それでも評価項目を知っているか知らないかで、やはり雲泥の差になります。

この「企業からの評価軸」ですが、時代の流れを受けて、以前とは大きく変わっています。そこで問題となるのが、**親御さんの時代錯誤な考えや結果につながらないアドバイス**です。何気ない一言でお子さんの努力を否定してしまったり、親御さんのアドバイスの結果、方向性を変えたお子さんが時代錯誤な就活に切り替えてしまう、という事例は後を絶ちません。

このような事態を防ぐためにも、親御さん自身にもまずは、現代の就活の評価項目を知っていただく必要があるでしょう。

そして2つめの「企業から評価される力を得る機会が、（学生に）与えられているかどうか」。大学生は、社会について何も知らないといっても過言ではありません。職種ごとの楽しさややりがい、厳しさを知らないのはもちろん、仕事をするうえで必須の倫理・職業観も持っていません。これらは、**多少アルバイトをしただけでは得られない**ものだからです。

当然、多くの学生は「どの企業がいわゆる〝いい企業〟なのか」も、ほとんど見分けられないはずです。

さらには、自分の通う大学や学部と業種・職種とのつながりも理解していないことも多くあります。「○○学部の学生は有利に評価しよう」という採用方針の企業は少なくありませんが、学生自身にはその視点がないので、**わざわざ不利な企業ばかりを選んでしまう**こともあるのです。

このような、相手のことも知らず、自分の強みにも気づいていない状況で進路を選び、競争を勝ち抜けと言うほうが、無理というものです。

もちろん、全員が全員、就活でつまずくと言うつもりはありません。しかし、**「親御さんがうまく助言し介入してあげることで、お子さんの就活での成功の可能性が飛躍的に上がる」というのは、まぎれもない事実です。**

お子さんがしっかりと職業観を醸成する機会、選考で必要となる対策を行なう機会、自身の強みに気づき、アピールする力を養う機会を、親御さんが提供してあげることが、お子さんの就活の大きな助けとなるのです。

第1章

なぜ就活に今、「親の力」が求められているのか？

なぜ、「売り手市場」なのに学生が就活で挫折するのか？

あなたは、就活について今、どのようなイメージを持っていますか？

「今は、過去最高の有効求人倍率を更新して、〝売り手市場〟だから、楽勝とまではいかなくても、そこまで大変ではないはず」

メディアの情報を受けて、このように考える方は多いのではないでしょうか？

一方、就活生からはそういった楽観的な声は、まったくといっていいほど聞こえてきません。序章でもお伝えしたように、**「7人に1人が就活うつ」**になるほど、苦しい状況に置かれています。

リクルートワークス研究所による「第39回 ワークス大卒求人倍率調査（2023年卒）」によると、売り手市場といわれているのは流通業や建設業といった一部の業界であり、サービス・情報業や金融業は圧倒的に買い手市場です。また、企業規模別で見ても、従業員

従業員規模（２区分：1000 人未満、1000 人以上）別　求人倍率の推移

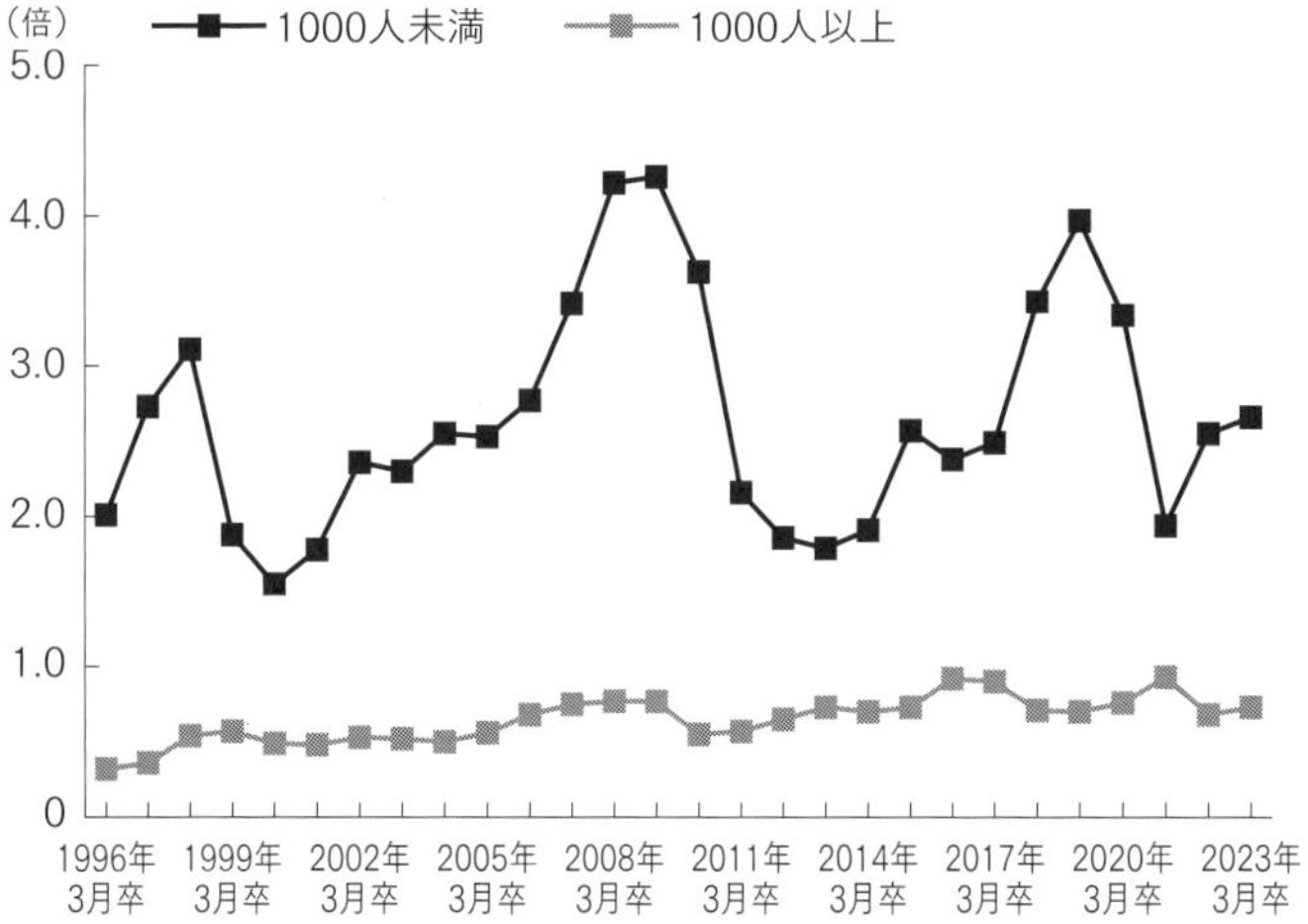

求人倍率	1996年3月卒	1997年3月卒	1998年3月卒	1999年3月卒	2000年3月卒	2001年3月卒	2002年3月卒	2003年3月卒	2004年3月卒	2005年3月卒	2006年3月卒	2007年3月卒	2008年3月卒	2009年3月卒
全体	1.08倍	1.45倍	1.68倍	1.25倍	0.99倍	1.09倍	1.33倍	1.30倍	1.35倍	1.37倍	1.60倍	1.89倍	2.14倍	2.14倍
1000人未満	2.01倍	2.73倍	3.11倍	1.88倍	1.55倍	1.78倍	2.36倍	2.30倍	2.55倍	2.53倍	2.77倍	3.42倍	4.22倍	4.26倍
1000人以上	0.32倍	0.36倍	0.54倍	0.57倍	0.49倍	0.48倍	0.53倍	0.52倍	0.50倍	0.56倍	0.68倍	0.75倍	0.77倍	0.77倍

求人倍率	2010年3月卒	2011年3月卒	2012年3月卒	2013年3月卒	2014年3月卒	2015年3月卒	2016年3月卒	2017年3月卒	2018年3月卒	2019年3月卒	2020年3月卒	2021年3月卒	2022年3月卒	2023年3月卒
全体	1.62倍	1.28倍	1.23倍	1.27倍	1.28倍	1.61倍	1.73倍	1.74倍	1.78倍	1.88倍	1.83倍	1.53倍	1.50倍	1.58倍
1000人未満	3.63倍	2.16倍	1.86倍	1.79倍	1.91倍	2.57倍	2.38倍	2.49倍	3.43倍	3.97倍	3.34倍	1.94倍	2.55倍	2.66倍
1000人以上	0.55倍	0.57倍	0.65倍	0.73倍	0.70倍	0.73倍	0.92倍	0.90倍	0.71倍	0.70倍	0.76倍	0.93倍	0.68倍	0.73倍

注１：従業員規模別２区分の集計は1996年３月卒より、４区分の集計は2010年３月卒より実施
注２：2021年３月卒の値は2020年６月調査によるもの

出典：「第39回 ワークス大卒求人倍率調査（2023年卒）」（リクルート）より

数１０００人以上の大手企業は買い手市場である一方、中小企業は売り手市場となっていることがわかります。

就職活動では、多くの学生や親御さんが「給料や福利厚生がいい」「安定している」という理由から「できるだけ大手企業を受ける」という方針をとりがちですが、スーパーマーケットやドラッグストアなどの小売業や建設会社を受けるのでない限り、大変熾烈《しれつ》な競争に飛び込んでいくことになります。

こうして、就活に対する認識にギャップが生じてしまうのです。

この親子間における認識のギャップは、２０１９年２月に当スクールで実施したアンケートでも明らかになっています。「就活中に親子間で感じたギャップ」の１位が「就活で内定を取ることの厳しさについて、（親が）理解してくれない」。当スクールに通う学生の実に35%が、このように感じていたのです。

さらに、その親子間のギャップを感じた理由を尋ねたところ、以下のような意見が集まりました。

「親は、大学名とＧＰＡ（学業成績）、ＴＯＥＩＣのスコアだけで内定が取れると楽観視

就活中に親子間で感じたギャップ

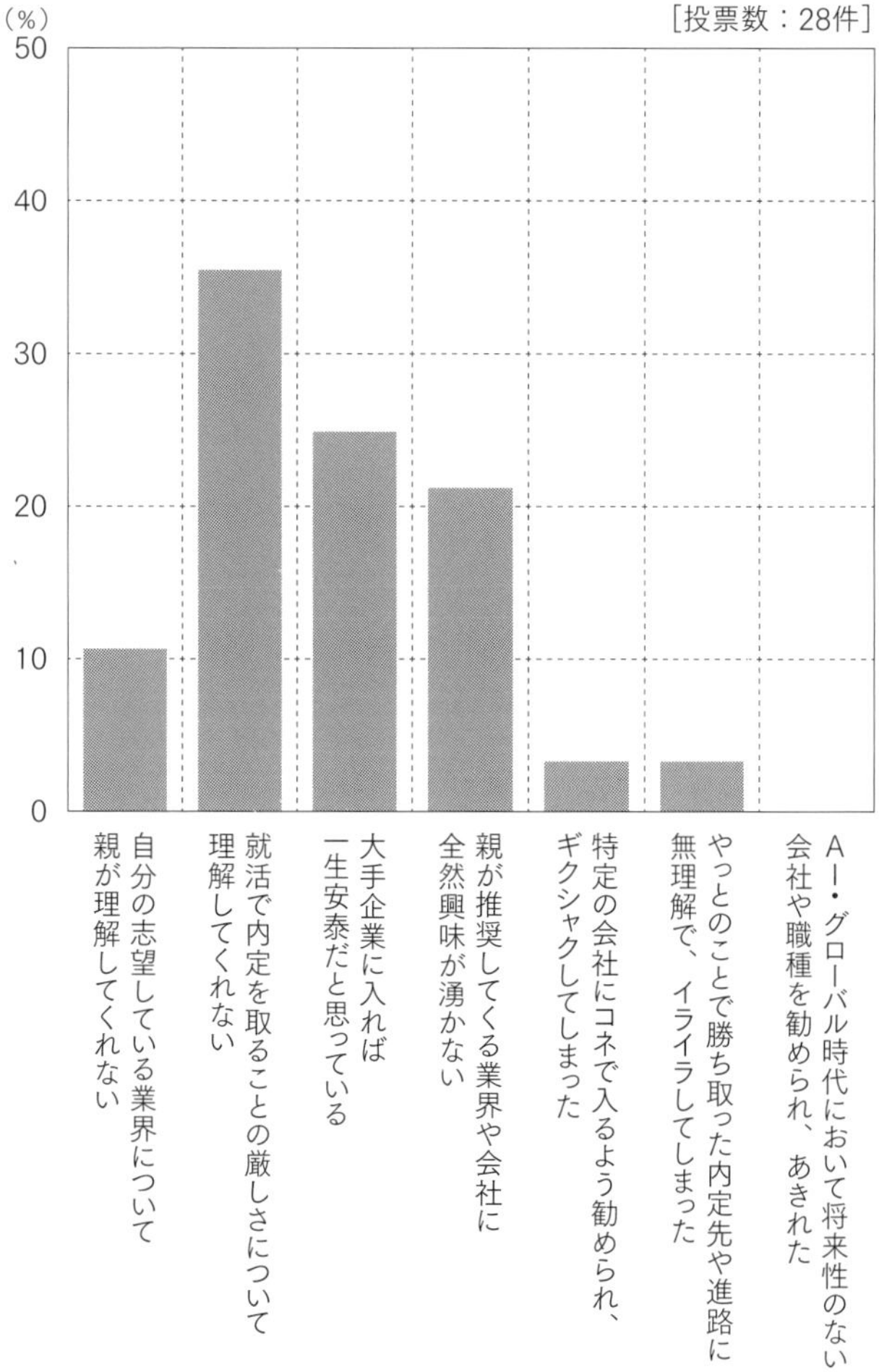

している」（早稲田大学生）

「父が高学歴であり、バブル期に就職したこともあって就活に苦労した経験がないため、今の就活を少し軽視していたように感じた」（法政大学生）

「世間は就職がしやすいと言うが、それは全会社に当てはまることではないと親が理解していない」（名城大学生）

「どれだけ就活が大変なのか、親はまったく理解していない。そのため、就活以外の活動（バイト、サークル、家事など）を減らすと、『お前はサボっている』と悪口を言われる。バブル時代と一緒にしないでほしい」（名古屋大学生）

このアンケートでは、ここで紹介した以外にも「親が、今の就職活動の実情を知らない」「大変さを理解してくれない」などの意見が目立ちました。実際、親御さんの時代と今の学生さんとでは、就職活動の様子は一変しています。端的に言うと、**学歴にかかわらず、競争が激化している**のです。

その背景には、次の3つの要因が挙げられます。

①就活が自由競争化した

まず1つめは、就活が自由競争化したことです。

親御さんの世代の就職活動は、学内の求人票か教授や研究室からの推薦、あるいは固定電話や葉書を駆使しての企業とのやり取りが中心でした。そもそも応募者も限られており、1社あるいは数社に応募すれば、おおむねその中から内定をもらえました。

しかし現在の就活では、大学の就職課は影響力を失い、推薦もなくなりました。理系であっても例外ではなく、トヨタ自動車が理系の推薦採用を廃止するなど、推薦の廃止が増加しています。その代わりに、それぞれの学生がリクナビやマイナビといった「新卒就活サイト」を通して、自由に応募する形が基本です。

これによって、**誰でもが希望の企業に応募できるようになった反面、各業界のトップ企業や人気企業ランキング上位の企業に応募が殺到するようになりました。**

応募自体もウェブ上ででき、ほんの数分しかかからない企業も多いため、「名前がよく知られている企業」には定員数の何百倍、何千倍もの学生の応募が集まります。

その中から「内定」という数席をめぐって、誰もが争っている状況なのです。

②大学生が多すぎる

2つめは、そもそも大学生の希少価値が落ちたことが挙げられます。

文部科学省のデータ（「文部科学統計要覧（平成30年版）」）によると、親御さん世代の進学率（大学＋短大）は30～40％前後。大学入学者数も、40万～50万人の間で推移しており、まだまだ大学生は希少でした。そのため企業側も「大卒枠」と「高卒枠」を分けて採用を行なっていたわけです。

「大卒枠は高卒枠に比べると出世がしやすい」という世の風潮、そして「夢のキャンパスライフ」の2つを柱に、その後、大学進学率はどんどん上昇していきました。さらに、日本の教育制度では高校生で就きたい職が決まっている子はそこまで多くないので、「やりたいことを探しに大学に行こう」という提案もとても魅力的に映ったのだと思います。

高卒の求人数もかつての1～2割に減っています。当時の高卒の主な就職先は製造・機械運転・建設・農林産業でしたが、工場の海外移転や不況による公共事業削減などで国内の雇用が喪失したためです。こうして、「大学に行かないと職がない」状況がつくられていったのです。

その結果、２０２２年の進学率は60・４％と、過去最高を更新しました。大学入学者も２０２２年には63・５万人に増加しています。大学の数そのものも、１９８５年には４６０校だったものが、２０２２年には７９０校に増えました。

一方、受け入れ側である**「一流ホワイト企業」の採用枠はというと、総数では多少増えているものの、大学生の増加のスピードにはとても追いつけません。**イス取りゲームのイスが増えないまま参加者だけ増えれば、イスに座れない人が増えるのは当然です。

③「求める人材」レベルが上昇している

これまでより多くの人（大学生）が、自由に応募できるようになれば、当然、「一流ホワイト企業に採用される人材」のレベルは上がります。

今や、**文系理系を問わずコミュニケーション能力（コミュ力）は必須**となりました。コミュ力はもはや、「あることで有利になる力」ではなく、「なければそもそも土俵にも立てない力」です。

とくに文系はかつてないほど高いコミュ力を求められるようになり、楽天、日本ＩＢＭ、ソニー、ファーストリテイリングなど、外国人との折衝力を必須にしている企業も出てきています。

一方、理系は、ＩＴスキルやプログラミング、そしてＡＩ活用に長《た》けた人材は即戦力になるのでどんどん採用されるようになりましたが、理学部や農学部、生物学部などは「現場で使える専門性がない」とみなされることも多く、卓越したコミュ力がないと選考を通過しなくなっています。研究室にこもって研究をしているだけでは、現代の理系大学生は「一流ホワイト企業」にはいけないのです。

このような競争の激化によって生まれた状況は、**「就活に適応し複数の一流ホワイト企業の内定を取る一握りの学生」と、「一社も内定を取れない学生」の二極化**です。

現代の就職活動は戦場と化しており、親世代の牧歌的な側面はなくなりました。「いい大学に入ればいい企業に行ける」というのはとっくに時代遅れであり、「いい大学に行って、就職を見据えた対策を取らなければ、いい企業にはいけない」という時代になってしまっているのです。

「競争の激化」……実際の倍率はどのくらい？

では、「一流ホワイト企業」といわれる会社の倍率はどのくらいなのでしょうか？2022年2月に「東洋経済オンライン」で配信された「内定の競争倍率が高い会社ランキング」に、各企業の採用人数と応募人数、総合倍率の比較が掲載されていました。

この記事ではとくにウェディング業界やレジャー業界、そして食品・化粧品メーカーに高倍率の企業が多かったことを伝え、その例として、ノバレーゼ（1位）や雪印メグミルク（2位）、東宝・松竹（3位・4位）、ハウス食品（7位）、味の素冷凍食品（10位）、ファンケル（17位）、アサヒグループ食品（27位）を挙げています。

また、東レ（23位）や帝人フロンティア（14位）、WOWOW（22位）などテレビCMでおなじみの企業や、出版社も目立っていました。やはり、一般消費者として学生が知っている企業に応募が集まっているのは明白です。

さて、肝心の倍率ですが、この記事によると、高倍率企業の50社は、最低でも１１０倍。トップのノバレーゼ（ウェディング）に至っては、たった3つの採用枠を、３３００人前後が争った（倍率１１０７倍）というデータです。

この記事が紹介しているのは倍率を公開している企業のデータのみとなっていますが、私が指導をしている学生から、

「人事が面接で話していたんですが、A社は応募倍率が４０００倍だったみたいです」

などと言われるのは例年のことです。一部の人気企業に学生が殺到し、高倍率になる、という傾向には、ますます拍車がかかっているといえそうです。

ちなみに、２０２２年度の東京大学の倍率が２・７～４・１倍程度だったとお伝えすれば、一流企業に入社するための倍率がどれだけ高いか、改めておわかりいただけることでしょう。

これだけの高倍率であれば、**「とにかく数多くチャレンジしよう」と、50社、60社と応募したとしても、1社も内定を得られない可能性はおおいにあります。**

本書でこれからご紹介する、「企業の求める能力」を満たしていない学生ならば、その

「学生が知っている企業」に応募が殺到している

講談社（2022年度入社定期新卒採用）の例

- プレエントリー（マイページ登録）：**51960**人
- 書類選考応募者：7088人→通過者2241人（通過率31.6％）
- 筆記試験受験者：2174人→通過者659人（通過率30.3％）
- 面接（1～4次）受験者：650人→240人→84人→28人→25人（通過率は36.9％、35.0％、33.3％、92.5％）
- 内々定：**23**人（男子11人、女子12人／うち理系6人）

出典：「RECRUIT　選考の流れ」（講談社）より

可能性はかなり高いといえるでしょう。

「10年前の就活知識」でのアドバイスはむしろ毒

45ページは、就活生を苦しめている「親子間の就活のギャップ」を、簡単にまとめたものです。

親世代の就活は、一言でいえば「牧歌的」。今の世代の就活の切迫感をなかなかご理解いただけないようです。

親御さんを対象に開催している就活の無料セミナーでも、私はこの表に近いものをお見せしながらお話をしていますが、話が進むごとに親御さんの表情が引き締まっていくのをひしひしと感じます。はじめは、

「知っておいたほうがいいだろう」

くらいのつもりで話を聞きに来られた方が、初めてリアルな現実に触れ、考えを改められるのでしょう。

親世代と今の就活の違いに対する親御さんの無理解は、お子さんの就活にとっては、残念ながら「毒」でしかありません。

「食品メーカーとか受ければいいじゃない！　味の素とか、すごくいい会社らしいわよ！」

など、そもそも「的外れなアドバイス」になってしまったり、

「何社も受けているのに、全部ダメだったらしいじゃないか……大丈夫なのか？」

と、無意識にお子さんにプレッシャーをかけてしまったり……。そんな親御さんに、学生たちは、「この人は今の就活のことを全然わかっていない」「家ではもう、就活の話はしたくない」とうんざりし、孤独な闘いを続けていくしかなくなってしまうのです。

親世代と今の世代の、就活の違い

	親世代	今の世代
大学生の希少価値	高い（進学率30～40％）	低い（進学率60％超）
経済情勢	バブル期前後が多い。企業も採用に楽観的。	長期にわたる不況、リーマンショック、DXなどを経て、大半の企業で、少数精鋭を採用する方針に転換。
内定へのルート	教授や研究室のコネや、就職課の求人票。	他大学の学生との自由競争。
一流企業の倍率	限られた人のみの応募だったため、低く抑えられていた。	100倍を超えるのが普通。

真面目に取り組みさえすれば、**ほとんどの学生が内定を得られた。**

「何社もの内定を得られる学生」がいる一方で、
「どんなに頑張っても内定を得られない学生」も続出。

コラム　MARCHや早慶なら大手企業に行ける？

「学歴がMARCHクラスなら大手企業は余裕では？」という親御さんもいらっしゃると思います。しかし、その考え方も今となっては危険です。

たしかに、MARCH以上の大学に入る学生の割合は上位15％程度なので「高学歴」といえます。しかし、その学生数は約13万人。この人数は、大手企業の採用人数よりもはるかに多い数字です。実際、MARCHクラスの大学でも、一部上場企業に入社できるのは3割にも達しません。

ここでは、MARCHの「A」、青山学院大学を例に、「2021年度卒業者の就職データ」を見ていきましょう。

まず、一学年の人数はだいたい4000人前後で、そのうち一部上場企業に就職したのは「就職決定状況【上場・非上場別】」によると、25・5％です。つまり、青山学院大学の学生でさえ、約4人に1人しか「みんなが知っている大手企業」に行けないのです（厳密には「一部上場企業」と「大手企業」は違いますが、当スクールにいらっしゃる親御さんの多くが「一部上場企業＝大手企業」と捉えていますので、ここではあえてくくってお話ししています。また、２０２２年４月の市場再編前のデータのため、「一部上場」という表現を用いています）。

なお、「ＭＡＲＣＨクラスで一部上場企業への就職が３割未満なら、早慶が多くの割合を占めている」と考える方もいるかもしれません。しかし、早稲田大学と慶應義塾大学が数年前まで公表していた内定先割合によると、一部上場企業に内定したのは約４割となっていました。この数字は現在でもほぼ変わらないと思います。

ＭＡＲＣＨクラスでも３割弱、早慶クラスでも４割程度の学生しか、一部上場企業には就職できない。驚かれる方もいらっしゃるかもしれませんが、これが今の就活の現実です。学歴「だけ」で勝負できるほど単純な世界ではないのです。

知らないでは済まされない！ 現代の就活の基本構造

ここからは就活の具体的な内容について見ていきましょう。どのようなことをおさえておけば、お子さんに対して的確で重宝されるアドバイスができるのでしょうか。

まずは、就活の大きな構造について見ていきましょう。

49ページの図を見てください。左のブロックは、就活生です。向かい合う形で就活生が内定獲得を目指す企業を配置しています。

就活生はまず、在籍する大学によってグループが分けられます。これが就活のスタートラインです。実際には、同一大学内でも有利な学部があるなど、同じグループ内でも有利不利の差はありますが、ここでは偏差値でざっくり把握していただければいいでしょう。

就活の構造

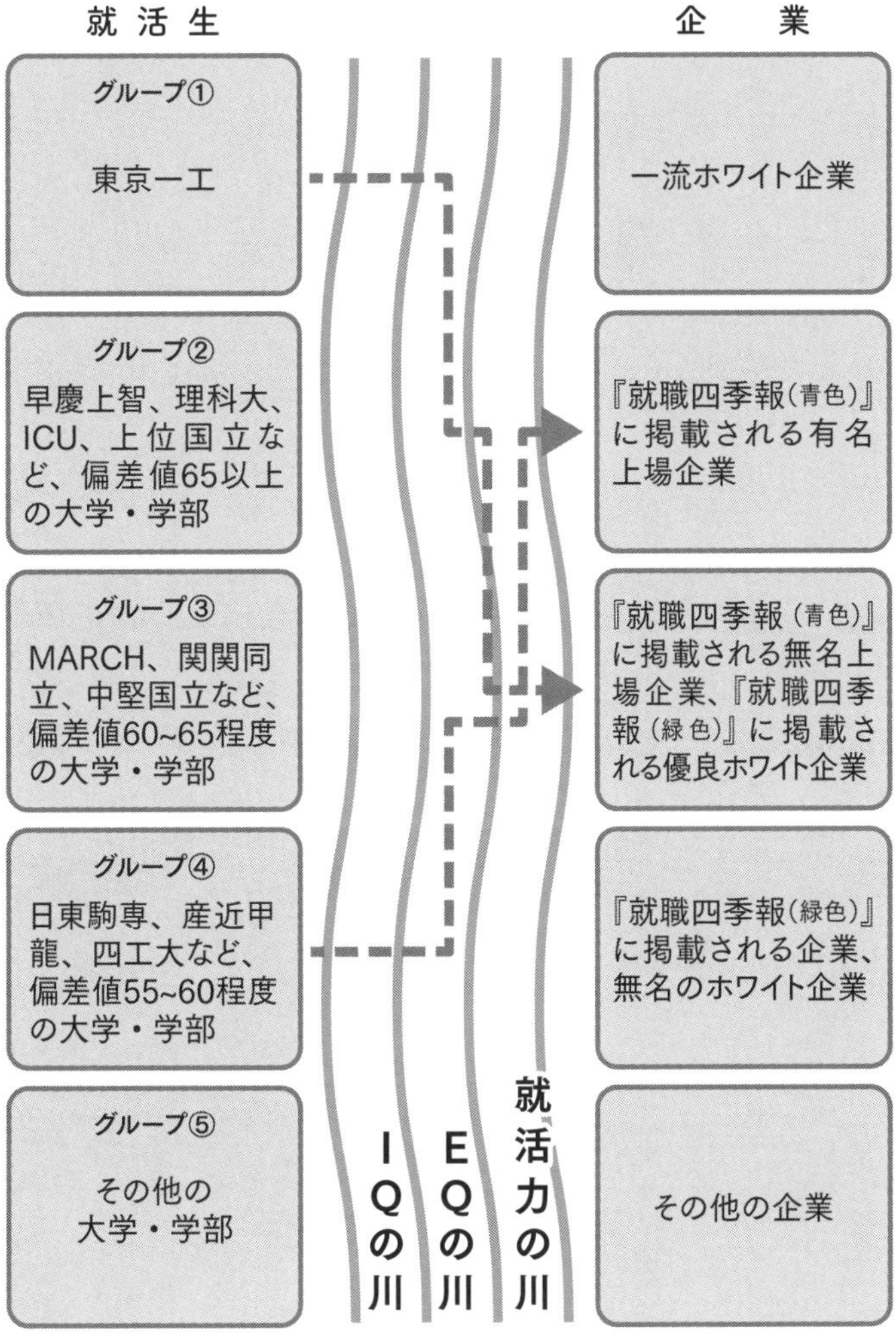
就活生
企業
グループ①
東京一工
一流ホワイト企業
グループ②
早慶上智、理科大、ICU、上位国立など、偏差値65以上の大学・学部
『就職四季報（青色）』に掲載される有名上場企業
グループ③
MARCH、関関同立、中堅国立など、偏差値60~65程度の大学・学部
『就職四季報（青色）』に掲載される無名上場企業、『就職四季報（緑色）』に掲載される優良ホワイト企業
グループ④
日東駒専、産近甲龍、四工大など、偏差値55~60程度の大学・学部
『就職四季報（緑色）』に掲載される企業、無名のホワイト企業
グループ⑤
その他の大学・学部
その他の企業
IQの川
EQの川
就活力の川

まずグループ①。「東京一工」と呼ばれる東京大学・京都大学・一橋大学・東京工業大学です。就活においてもっとも有利なのが、この4つの大学の学生です。

続いて、グループ②。このグループは、早稲田大学・慶應義塾大学・上智大学・東京理科大学・国際基督教大学など、偏差値が65以上の大学・学部です。

グループ③は、明治大学・青山学院大学・立教大学・中央大学・法政大学・関西大学・関西学院大学・同志社大学・立命館大学など、偏差値60〜65程度の大学・学部です。

グループ④。ここには、日本大学・東洋大学・駒澤大学・専修大学・京都産業大学・近畿大学・甲南大学・龍谷大学・工学院大学・芝浦工業大学・東京電機大学・東京都市大学など、偏差値55〜60程度の大学・学部が入ります。

そしてグループ⑤が、その他の大学・学部です（※グループ内の大学は順不同）。

「なんだ、結局学歴じゃないか」と思われるかもしれませんね。はい、**スタートは学歴です。**就活において学生は、まず「学歴」でふるいにかけられます。

新卒採用において、「学歴フィルター（在籍する大学のランクで、就活の有利不利が変わること）」はいまだに存在しています。やはり、**ランクの高い大学の学生のほうが、一流ホワイト企業の内定を取りやすい**のです。

「近年は、『学歴だけを見て合否の判断をしてはいけない』『人物に対する総合評価を』という流れにあるのでは？」

という疑問は当然です。たしかに、会社説明会の応募枠における学歴差別がネット上で暴かれたことにより、企業は大っぴらに学歴で学生を振り分けることはしなくなりました。しかしそれでも、学歴フィルターは目に見えない形で存在しています。

その背景には、37ページで紹介した「自由競争化」があります。以前は「学歴フィルター」をかけなくても、求人票を限られた大学だけに送ったり、特定の大学の教授や研究室からの推薦を受け付けたりすることで、各企業は狙った大学の学生を採用していました。しかし昨今は自由応募です。採用人数の１００倍、２００倍を超える応募書類のすべてに、限られた時間・人件費で、くまなく目を通すのは、現実問題として不可能でしょう。

もちろん、理想として、学歴に関係なく人物を見て評価すべきだというのは言うまでもありません。しかし現実には、**決して少ないとはいえない企業が、学歴をはじめとする数カ所の記述だけを見て不採用通知を出している**のです。

次に、学生だけでなく、企業側のランクも紹介しましょう。

こちらはシンプルに、**上に行くほど規模が大きかったり有名だったり働きやすかったり**……ということになります。逆に、下に行けば行くほどブラックだったり不安定だったりする可能性が高い、というわけです。

ここで断っておきますが、大学も企業も、上のランクであることがいいわけでもえらいわけでもありません。そして、上のランクにいくことが幸せであるとも限りません。幸せというのは学歴や所得ではなく、自己決定に基づくものであるということは、独立行政法人経済産業研究所・西村和雄氏らの研究によって明らかになっています。ただ、ランクが上にいくほど待遇や世間体がよい、ということはおおむね納得いただけるかと思います。

また、本書の目的は「一流ホワイト企業を目指す」ことであると明記していますので、本書では少しでも上のランクを目指すという前提で話を続けさせていただきます。

さて、就活生の立場から49ページの図を見ると、左の地点から右の企業にたどりつくことが「内定」です。このとき、就活生が企業にたどりつくまでに、ＩＱ、ＥＱ、就活力という3つの川が流れています。

就活生はこれらの川（障害物）を越えていかなければなりませんが、その際の渡り方は3方向に分かれます。まっすぐ横に進むか、その能力を高く評価されて斜め上に進むか、低評価によって斜め下に進むかの3パターンです。

たとえばグループ③にいる学生が、ＩＱ、ＥＱ、就活力のすべてに高い評価を得られれば、ＥＱの川を越えた時点でてっぺんに行きつきます。となれば、「一流ホワイト企業」から内定を得られるでしょう。あるいは、その下のランクの企業からは引く手あまたの売り手市場が実現する、というわけです。

この構造で就活をとらえれば、**「就活は学歴からスタートするものの、大学のランクよりも3つ上までなら、努力と準備で補うことができる」**ということがおわかりいただけるでしょう。このように3つのチャンスがある分、就活では大逆転がしばしば起こります。

「○○さんのところのお嬢さん、一流企業に入社したらしいわよ！」

「えー！　すごい！　そんなにいい大学に通ってたっけ？」

「それがね、大学名も聞いたんだけど、忘れちゃって……」

なんていうことも珍しくありません。当スクールのウェブサイトの卒業生インタビューにも逆転事例が数多く掲載されています。ぜひ、見てみてください。

就活で求められる3つの力 ——IQ、EQ、就活力とは?

就活は学歴から始まるものの、その後の努力と準備で補えるチャンスも大きい、ということがおわかりいただけたでしょうか。そのチャンスをものにするためにも、就活生が企業にたどりつくための3つの障害物（IQ、EQ、就活力）の概要を見ていきましょう（それぞれの力をつける方法については3章でお話しします）。

まず1つめの川はIQ（知能指数／Intelligence Quotient）で、**「筋道だった思考ができるか」「論理的思考力があるか」**などの指数です。一般に、理系の方や学歴が高めの方は、この能力が高いといわれています。

各企業は、ウェブなどでの試験によって、それぞれの学生のIQを測っています。あるいは、少し変わり種としては、総合商社や外資系コンサルティング会社に多い「ケース面接（面接ですぐに答えの出せない質問をして、学生の問題への取り組み方や仮説の立て方、論理的思考力を見る。フェルミ推定の応用問題が多い）」もまた、ＩＱを問うものといえるでしょう（４章を参照）。

２つめの川はＥＱ（心の知能指数／Emotional intelligence Quotient）です。これはアメリカ・イェール大学のピーター・サロベイ博士とジョン・メイヤー博士が提唱した概念で、**「自他の感情を認識し、それをコントロールする力」「他人を尊重し、共感し、配慮する能力」**です。サークル活動や学生団体、その他の集団行動をしてきた学生が得意な傾向にあります。選考では、面接での、

「他人と協力して成し遂げたことは何ですか？」

などの質問によって、企業は学生のＥＱを測ろうとしています。

このような質問に対して、多くの学生は、「学生団体のリーダーをしていた」「バイトで業務改善提案を店長に出して他の従業員を巻き込んで改革を行なった」などの実績をアピールしがちですが、大切なのはその「実績のすごさ」ではなく、「面接官と的確に対話ができているか」ということ。**面接官の質問の意図を汲《く》み取り、配慮しながら、相手が答えてほしいことを話せるかどうか**です。ＥＱは、他者と協働するための人間力を見るための

基準なのです。

そして、3つめの川が就活力――**「就職活動をうまくこなす能力」**です。

就活では、面接や履歴書、作文、業界研究や企業研究、自己分析、身だしなみやマナーなど、これまでの学生生活にはない課題に遭遇します。それらの課題をいかにうまくこなせるかの総合力が、就活力なのです。基本的には、一連の就活を難なく乗り越えられるかどうかでその力は測られますが、中には特殊な選考をする企業もあります。

以前聞いた事例ですと、一部の外資系の食品メーカーでは、最終面接の前に懇親会があり、そこでテーブルマナーが見られていたそうです。その会社では富裕層の方を相手にする仕事をしているからこそ、そういった素養のある人物を採用するとのこと。

社会人としての基礎をある程度、身につけておくことが求められているのです。

就活では、以上の3つに対して評価がなされ、その学生の合否が判断されています。

つまりは、先ほどの構造に当てはめながら「今、お子さんがどこに位置しているか」「目指す企業がどこに位置しているか」を考えてみてください。すると、「どうすればその企業からの内定を得られるか」が、おのずと見えてくるでしょう。

一流企業対策を大学に頼むのには無理がある

スクール生を通じて多くの親御さんと接する中で、困っていることがあります。それは、「大学の就職課・キャリアセンターを妄信している親御さんが多く、その実態を説明してもわかってもらえない」ということです。

「大学が開催している親向けのセミナーに行きました。就職率はかなり高かったですし、サポート内容も万全の印象だったのですが」

と、取り合ってくれないのです。一方、学生たちに大学の就職課・キャリアセンターについて尋ねると、出てくるのは、

「大学は就活の役に立たない」

「大学のキャリアセンターは使えない」

という愚《ぐ》痴《ち》ばかりです（笑）。

大学の就職課・キャリアセンターと学生、親御さんの間に、どうしてこのような齟齬《そご》が出てしまうのでしょうか。

学生が就職課やキャリアセンターに不満を持つ理由は、大きく3つあるようです。

まず1つめは、目的の違いです。**大学のキャリアセンターの目的は、就職率を上げること。**乱暴な言い方をすれば、**1人の学生が中小企業でもブラック企業でもどこでもいいので1つ以上の内定を取ることがまず大事だ、**ということです。

もちろん、一流企業に入ってもらえれば大学としては実績となり、入学者数の増加につながるでしょう。しかし、キャンパスによっては、何千人もの学生を数名の職員で対応している状況です。そんな激務の中で、「(すでに1社内定しているか、選ばなければ1社は内定を取れそうな学生が)よりよい企業から内定を得るためのサポート」よりも、「(内定のない学生が)とにかく内定を得るためのサポート」が優先されるのは仕方のないことだと思います。

とくに、うつや自殺未遂など、精神的に重度の悩みを抱えた学生が訪れた場合は、その方々の優先順位は必然的に上がります。実際、当スクールの学生がキャリアセンターを訪れたところ、隣のブースからすすり泣く声が聞こえてきて、自分の相談事に集中できなかったと言っていました。このように、早急な対応が必須の学生がいれば、一般の学生の優先順位は低くなりがちです。

結果、大学のキャリアセンターで行なうことは、一人ひとりへのきめ細かい一流企業の選考対策ではなく、最低限の底上げの対策がメインになります。これでは、一流企業を目指す多くの学生には「頼りにならない」と感じられるでしょう。

2つめの理由は、サービス内容への不満です。

個別の企業対策をしてくれないとなれば、学生がキャリアセンターを利用する目的は、「OB・OG名簿」「求人票」「個別相談」がメインになるでしょう。

しかし、当スクールの学生によると、**キャリアセンターのOB・OG名簿の多くはほとんど機能しておらず、求人票はだいたいが学生には聞いたことのない企業のもの**だといいます。時折ブラック企業が混じっていることさえあるようです。

また、相談をしても、的確なアドバイスが返ってこないことも多いと言っていました。

この背景には、**大学のキャリアセンターのスタッフの多くが民間企業での勤務経験がない人で占められていたり、派遣社員・嘱託社員で運営されていたりする、**ということがあるようです。

3つめは、大学のキャリアセンターは無料のため、**予約がパンパンでなかなか相談できない**とのこと。

要するに、多くの学生は、キャリアセンターや就職課を、**「そもそもサービス自体が受けにくく、受けられても目的の情報は得られない。自分の期待するサービスがない」**と評価しているわけです。

私自身もキャリアセンターの実態を確かめようと、いくつかの大学のキャリアセンター職員と面会しました。大学やキャンパスによってその実情は異なるようですが、おおむねどこも、学生が満足できるサービスを提供できる環境が整っているとはいえない状況でした（このテーマに関しては、『大学キャリアセンターのぶっちゃけ話』（沢田健太著）が、大学のキャリアセンター職員の立場から書かれていて参考になります）。

大学側が提示するデータは、個別の事情や納得度を考慮したものではないため、学生の感覚と親御さんの認識との間に齟齬が生じてしまうのです。

このように、**大学には学生が自身の就活について相談できる場所は、「ほぼない」**というのが現実です。親御さんがサポートに回ることの意義は、こんなところからも見えてくるのではないでしょうか。

就活は、親にとっての「子育ての総仕上げ」

これまでお話ししてきたように、親御さんの学生の頃とお子さんとでは、時代背景も就活の状況も違います。しかしそれを踏まえたうえでも、私は、**お子さんの就活のサポートは、親御さんがするのが一番だ**と考えています。

それは、**親御さんこそがお子さんを一番よく理解しているから。そして就活こそがお子さんの独り立ち――子育ての〆《しめ》であるから**です。

多くの親御さんはきっとたくさんの愛情と時間、そしてお金をお子さんにかけてこられたことでしょう。これまでに、学費も相当かかっているはずです。そこまで手をかけてきたお子さんだからこそ、いい企業にいって、いい社会人人生を歩んでほしいというのが親心ではないでしょうか。

また、詳しくは2章でお話ししますが、キャリアの最初をどこで過ごすか――**就活の結**

果次第で、生涯賃金は最大で3億円ほど変わってくるともいわれています。年収も学歴や企業のランクと同じで、高ければすなわち幸せというものではありませんが、評価されないよりはされたほうがいい、と思うのは当然です。

就活という段階にまで成長されたお子さんは、すでに自分の力で自分の道を切り開いていく力を持っています。親御さんにできることは、徐々に減っていっているかもしれません。

しかし、お子さんが就活をやりやすく感じるか、やりづらく感じるかと、親御さんのサポートを切り離して考えることはできません。お子さんは、

「親は就活のことを全然わかってくれない」

「親の考えは古くて参考にならない」

などと言うかもしれません。

しかしそれでも、**お子さんはいつまでも親御さんの行動や発言や価値観に影響を受けているはず**です。序章で紹介した母の発言も、発言者が母だったからこそ、私の心にのしかかってきたのだと、今となっては思います。

どうぞ、お子さんの未来を一緒に見て、悩んでいるときには手を差し伸べる、そんなサポートをしてください。少なくとも、古い知識や常識でお子さんを縛ったり、変なプレッシャーをかけたりしないであげてください。

親子で乗り越えた就活の先には、**お子さんの最高のファーストキャリア**と、**「いつまでも子どもだ」と思っていたお子さんのりりしい横顔**にはっと驚く瞬間が待っていることでしょう。

そうはいっても、「手を出してはいけない領域」もある

次章以降、親御さんからお子さんへのサポート内容を具体的にお伝えしていきます。しかし、本章の最後に、見ていただきたいデータがあります。

実は、就活のスクールを経営している立場として、今、多くの親御さんが実践されている就活への関わり方に、少し疑問を感じずにはいられない部分もあるのです。

64ページの図を見てください。このグラフは、株式会社アイデムが発表した、学生の保

企業に対する「親の接触」

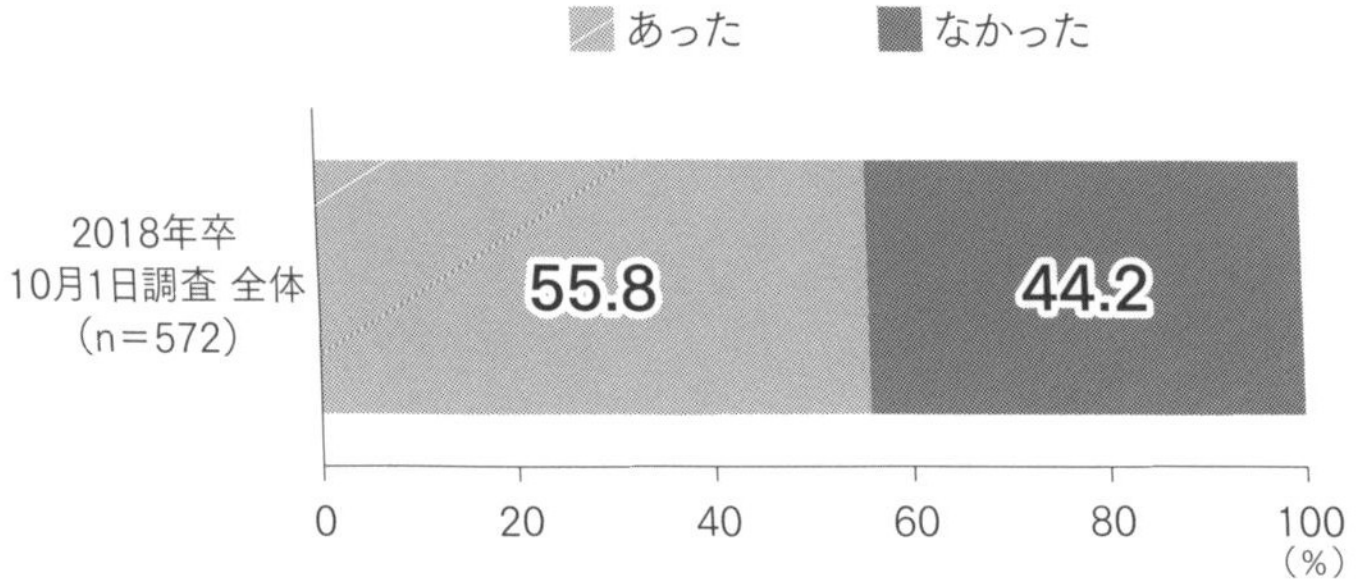

出典：「学生の保護者から直接の問い合わせや接触があった事例はあるか」（アイデム）より

護者から問い合わせがあった企業の割合です。**なんと企業の55・8％が、採用活動の中で、学生の保護者から直接問い合わせや接触を受けている**そうです。

親御さんが直接企業の人事担当者に連絡を取る、というのは、一昔前には考えられなかったことではないでしょうか。

さらに、その連絡内容を見てみましょう。もっとも多いのが「合否結果への問い合わせ」、ついで「説明会や選考会場への同行・送迎」となっています。「内定辞退の連絡」も4社に1社の割合で親御さんが入れているのだというから、驚きです。

「親の接触」が、人事担当者を困らせている

問い合わせ内容	比率（%）
合否結果への問い合わせ	28.8
説明会や選考会場への同行・送迎	27.0
内定辞退の連絡	26.3
入社後の処遇についての問い合わせ	25.4
募集要項や採用関連情報についての問い合わせ	24.5
説明会や選考の欠席の連絡	23.8
内定のお礼	22.9
事業内容や経営状況についての問い合わせ	22.6

（有効回答数（企業数）319、複数回答）

出典：「学生の保護者から問い合わせや接触があった事例の内容」（アイデム）より

いざ、自分の子どもの就活となったらかわいさと心配のあまり、ついつい手を出したくなってしまうのでしょう。しかし、**就活はお子さんが独り立ちするための大切なステップ**です。企業の人事担当者も、学生が無事に自社で一人前として活躍できるかどうかを見ています。

その大事な過程に親御さんが出てくるというのは、

「わが子は『就活力』がありません」

と、喧伝するようなもの。３つの評価軸のうち１つを親御さんが代行してしまえば、企業が採用をためらう原因にこそなれ、**お子さんにとってプラスに作用することはない**はずです。

本書でお伝えしたい「親御さんのサポート」は、このような**過保護や過干渉ではありません**。お子さんの影で、ＩＱ、ＥＱ、就活力を高められるように導くことです。そしてその方法は、次章以降でしっかりとお伝えしていきます。

就職活動は、お子さんにとってはこれまでにない試練の一つです。しかし、それを乗り越えた先に、社会人としての未来が待っています。ぜひ親子で、素晴らしい未来を切り開いていってください。

コラム　学生たちは、本当に困っている

「就活中は毎日泣いていました」

これは、明治大学法学部４年生（Ｈさん）が発した言葉です。彼女は７社の就活エージェントを活用したのち、最終的に当スクールに来て、無事、ホワイト企業である旭化成不動産レジデンスに内定しました。

当スクールでは、無事ホワイト企業から内定を獲得した学生さんに、自身の就活を振り返ってもらい、後輩たちへのメッセージを集めています。すると、彼らの多くが、同様の悩みを抱えていることが見えてきました。ここでは、学生が就活のどんなところに困っているのかを、まとめておきましょう。

【就活において学生が困るポイント】

１　実は学生自身も、就活のやり方や全体像をよくわかっていない
２　そんな中、手探りで就活をしており、どうすればいいかわからなくなっている
３　やりたいことが明確でないため、業界や仕事を絞れず、企業にエントリーするとい

う次のステップに進めない

4　学生時代に力を入れたことのエピソードが弱く、書く際や話す際に自信がない

5　エントリーシートが書けない。書いて出しても通過しない

6　内定を簡単にもらえるのはブラック企業ばかりだが、ブラック企業の見分け方がわからない

7　就活エージェントは、自身の紹介する企業への就職支援が仕事であり、それらの企業の多くは労働条件が悪い

8　周りの目、とくに（すでに内定をもらった）友人の目が、プレッシャーになっている

誰にでもチャンスがあるため、学生も最初は張り切って取り組みます。しかし、多くの学生は、絶えず付きまとう不安と現実の厳しさからガス欠となり、鬱々《うつうつ》としてしまいます。そこで諦めて、「受ければ必ず受かるらしい」という企業（残念ながら、多くが「ブラック」といわれる企業です）に入ってしまう学生も少なくありません。

就活をしていれば、不安になったり、ガス欠になったりする瞬間は、誰にだって訪れます。そのときに愚痴を聞いてあげることもまた、親御さんにできる就活サポートの一つといえるでしょう。

第2章

大公開！
「一流ホワイト企業」
TOP100

なぜ新卒で「一流ホワイト企業」に入ることが、一生を左右するのか

本書では一貫して、「一流ホワイト企業から内定を」とお話ししています。しかし、転職が徐々に増えつつある今、なぜ新卒時点で「一流ホワイト企業」に入ることが大切なのでしょうか。その理由は４つです。

①成功のチャンスが多い

一流ホワイト企業の素晴らしいところは、何より成功のチャンスが多いことです。

まず、多くの一流ホワイト企業は、多数の部署を持ち、様々な事業を展開しています。関わる人も一流で、動いている事業規模も大きいでしょう。

そんな環境で幅広くチャレンジすることができれば、**仕事にやりがい**を感じられる可能性が高くなります。また、仕事を通して**高いレベルの人脈**を広げることもできるでしょう。幹部人材としての素養――**汎用的《はんようてき》な調整力や企画力、リーダーシップ**など――を身につける機会にも恵まれます。将来的には大きなプロジェクトを動かして、多額の収益を出したり大きな社会貢献をしたりすることもできるかもしれません。

個人の仕事に注目しても、成果を出しやすくなるはずです。これは転職歴のある人にしかわからないことかもしれませんが、**「大手の一流企業に勤めている」というだけで、仕事のやりやすさは全然違います。**

たとえば大手企業の営業担当者は、大手の看板ゆえにアポを取るのが簡単だったり、はたまた向こうから引き合いがあったりするそうです。一方、中小企業では、なかなかアポが取れず、向こうから声がかかるなんてことは滅多にない……契約を取るためのスタートラインがここまで違うのです。

これは一消費者の視点で見ても同じです。たとえば保険の営業と話をするにしても、

「え？　そんな会社名、聞いたことないんだけど」

というところよりも、

「ああ、ＣＭでよく見る○○さんね」

というほうが、「とりあえず話を聞いてみようか」となりやすいはずです。

さらには、一流ホワイト企業に勤められれば、**転職を考えた場合にも、いい企業にヘッドハントされることもしばしば**です。公募を利用した場合にも、

「○○企業さんにお勤めだったんですね」

と最初の評価が高くなります。あるいは**独立する場合にも有利に働く**でしょう。

このように、会社における成長でも、個人の成績でも、転職や独立でも、一流ホワイト企業にはチャンスが多いのです。

②単純に待遇がいい

２つめの理由、それは**待遇**です。『就職四季報』（東洋経済新報社）には平均年収が掲載されていますが、中小・中堅企業よりも「一流ホワイト企業」のほうが明らかに高い数字が並んでいます。**社会問題ともなっている「働く若者の貧困」の心配は、「一流ホワイト**

企業」にはありません。

また、企業年金、社宅、健康支援などの**福利厚生も整っています。**たとえばNTTドコモは福利厚生が非常に手厚く、社宅をはじめ住宅補助も支給しているほか、フレックスタイム制度の導入、ライフプラン休暇（リフレッシュ、介護・育児、ボランティアなど）、選べる福利厚生としてのカフェテリアプランも用意されているそうです。

さらに近年、「健康経営」の流れで、「社員が長く健康に働けるための取り組み」がなされています。一流ホワイト企業というのは、こういった取り組みを率先して行なっており、年に一度の定期健診だけでなく、**健康面も幅広くサポートしてくれます。**たとえば、鍼灸治療や最新の健康管理システムを無料で提供している企業もあるようです。

それ以外にも、**金融機関からの信用が上がり、家のローンが組みやすくなる**なども、一流ホワイト企業のメリットでしょう。

また、新卒として入社してすぐに受けられる恩恵は、**手厚い研修と人材育成のシステム**でしょう。マッキンゼーなどのコンサルティング会社はもちろんそうですが、日揮《にっき》ホールディングスなどのプラントエンジニアリングの会社でもしっかりとした研修のもとに専門的なスキルを身につける教育プログラムが組まれています。

一流ホワイト企業は退職者も少なく、**長期的な視点で人材を育成していこうという視点**が根強くあります。そのため、しっかりした研修を組むことができるのです。

③自分自身を一流に育てるチャンスを得られる

３つめの理由、それは視座にあります。**高いところから低いところは見えますが、低いところから高いところは見えません。**これと同じで、下請け側より発注側、中小企業より大企業にいたほうが、業界全体、ひいては世の中全体を見渡すことができます。

仕事のスケールもまた、一流ホワイト企業のほうが大きくなります。ダイナミックな動きを知っていると知らないとでは、同じ仕事をしていても見える景色も変わります。

多くの中小企業や自営業の経営者の中には、自分の子どもに後を継がせる前に、一度は大手企業に入れる方がいます。それもまた、マクロの動きを知ってからミクロに集中したほうが、ぶれずにいい経営ができるからでしょう。

私の父も以前はデンソーに勤めていましたが、私が学生時代に起業の相談をしたところ、

「まずはちゃんとした会社に入って法人の仕事とコンプライアンスを見てこい」

「つくる書類一つとっても、一流企業と街中の企業では全然違うぞ」

と言われたものです。デロイトトーマツで勤務していたときもシニアマネージャーから、

「周りにいる優秀な人から一流の仕事の仕方や考え方を吸収し、自分のレベルを上げろ」

とよく言われたものでした。


このような視座の違いがあるからか、近年活発になってきている転職市場においても、**会社の規模が同じくらいか、前職よりも小さい規模の会社への転職の例は多く聞きますが、逆のパターン（中小企業や中堅企業から大企業への流れ）は、よほどのスペシャリストでない限り、ほとんど聞きません。**年収ベースで見ても、**転職の回数が増えるごとに年収が下がっていっている**というのは、「カリスマ転職代理人」の海老原嗣生《つぐお》先生が、様々な書籍やブログで書かれている通りです。

また、独立行政法人労働政策研究・研修機構が出した「ユースフル労働統計」によると、大卒・大学院卒の生涯給与の違いを以下のように試算しています。

転職した場合：２億５１８０万円
転職しなかった場合：２億７５８０万円

このようなデータからも、今のご時世では大幅年収アップを伴う転職はまれで、むしろ多くのケースで転職によって年収が下がっているといえるでしょう。

その意味でも、キャリアのスタートで中小企業や中堅企業にいるよりも、大企業、できれば一流ホワイト企業にいたほうが、未来の可能性は増すはずです。

④とにかく「ブラック企業」に入ってはいけない

「一流ホワイト企業」の内定を取るべき4つめの理由は、**ブラック企業に入ってはいけないから**です。これはとてもシンプルな理由だと思います。

昨今、「ブラック企業」という言葉は様々なところで耳にしますが、実は明確な定義はありません。厚生労働省は、ブラック企業の一般的な特徴として、

①労働者に対し極端な長時間労働やノルマを課す。
②賃金不払残業やパワーハラスメントが横行するなど企業全体のコンプライアンス意識が低い。
③このような状況下で労働者に対し過度の選別を行なう。

と挙げていますが、なかなか具体的なイメージを持てないかもしれません。

では、もう少し具体的に考えてみましょう。もしお子さんが1社目に入った会社が「ブラック企業」だと、どうなってしまうのでしょうか。

・とにかく就労時間が長く、長時間労働の手当てが十分に出ない

「ブラック企業」といわれる企業の多くは、社員を長時間働かせ、そのうえ残業代を払わないなどの〝独自ルール〟をつくっているようです。結果として、多忙を極めているのに最低賃金を下回る給料しかもらえない、などということになりがちです。

ただ、働き方に関しては、**「20代は仕事をバリバリやるべきだ。それが30代以降の糧《かて》になる」**という意見の方もいらっしゃると思います。私もこの意見には基本的には賛成です。若くて体力のあるうちに実力と仕事の基礎を身につけることは必要です。

しかしだからといって、若いうちは搾取されてもいい、仕事をした分の正当な対価を得られなくてもいい、ということにはなりません。まして、それが心身の健康を害するほどならば、その環境は考え直したほうがいいでしょう。

・ノルマが非常に重く、どんなに工夫・努力しても達成できないように設定されている

「ブラック企業」の社員の多くは、普段から余裕がありません。その一因には極端に重すぎるノルマが挙げられます。**毎日徹夜しなければ終わらない量の業務**が割り振られたり、営業ノルマとしてとても**達成できないような予算**が与えられたり……といった具合です。

ただ、与えられたノルマが適正か否かは、働いている本人はなかなか評価がしづらいものです。社員教育の一環として高いノルマを与えることもありますし、業務量にムラがあり、時期によって残業が多くなるような業界もあります。そのため自身のノルマを客観的に評価できずに、ただ「どれだけ仕事をやっても終わらない」「この環境で長く働ける気がしない」「終わりの見えないトンネルをひたすら進んでいる感じがする」という感情を抱えて、**うつ病を発症しやすい状況**になってしまうのです。

・有給が取れない・休日が少ない

一定の規模以上の企業に対しては、厚生労働省は有給取得率についての厳しい調査がありますが、規模が小さくなれば見過ごされることもあるようです。「有給の申請を出そうとしたら、上司に受け取ってもらえなかった」「有給を申請したら、休暇中の課題が与えられた」「親族の冠婚葬祭にも出られなかった」という前時代的な会社の噂もよく聞きます。

・パワハラやモラハラ、セクハラなどが横行し、個を尊重する風土がない

「ブラック」といわれる環境では、精神論が横行し、それが**できないのは社員のせい**、という雰囲気になりがちです。そのような環境では、指導とパワハラやモラハラとの境界が徐々に不明瞭になっていきます。

新入社員としてパワハラやモラハラの横行する企業に入ってしまうと、「仕事とはそういうもの」と刷り込まれてしまいます。そのため、その環境をつらいと感じていながらも、本人も次第にパワハラやモラハラをしてしまうようになりかねません。

また、「ブラック企業」では、待遇が総じて悪くなりがちですが、同じ職位でも人によって**待遇が極端に違うなどの差が出る**ことにもなります。

・社員の入れ替わりが激しく、離職率が高い

以上のような理由から、健康を害して休まざるを得ない人、転職する人などが増え、離職率が高くなりがちです。「一流ホワイト企業」かどうかを判断する際に、私が入社3年以内の離職率の数字をシビアに見ているのはこのためで、30％が辞めるようなら、それは高すぎ。「一流ホワイト企業」であればあり得ない数字です。

離職率の高さは、平均在籍年数からも測ることができます。普通の企業であれば、事業継続年数が延びれば延びるほど社員の在籍年数も延びるのが自然です。企業が急成長して新しく大量に社員を雇ったり、経営方針転換があったりすれば話は別ですが、「創業20年の会社なのに、5年目以降の先輩が極端に少ない」などは、その企業に何か課題があるのかもしれません。

入社した企業に以上のような要素があれば、遅かれ早かれ、転職を考えることになるでしょう。しかし、ここにも問題が起こります。こういった状況から別の企業に転職できればいいのですが、**ブラック企業はそもそも、「人材を育成しよう」という意識が薄いので、その過酷な勤務経験で身につけたものが、他の企業でも使えるスキルかどうかはわかりません。**スキルが身についていなければ、転職も簡単にはできないでしょう。

「やっと転職先が見つかったと思ったら、そこもまたブラック企業だった」

という人もいます。

やはり、社会人1年目として働き方と仕事の基礎を身につける段階において、ブラック企業に入ってはいけません。それだけは確かです。

コラム 「就活生なら誰でも一流ホワイト企業に挑戦すべき」理由

番外編として、「就活生が、一流ホワイト企業に挑戦したほうがいい理由」をお話しします。それは、挑戦するためのコストが受験に比べて安く、誰でも挑戦できるからです。

２０１５年に、ニコニコ動画を運営するドワンゴが採用試験を受けるための受験料として２５２５円を徴収したことが社会的な波紋を呼びました。ただ、よく考えてみれば、たったの２５２５円で炎上するくらい、「日本で企業を受けるのはタダ」という共通認識（職業選択の自由）ができあがっているといえます。

一方、ベネッセコーポレーションによると、大学の受験料はセンター試験（現・大学入学共通テスト）が３教科以上で１万８０００円、２教科以下では１万２０００円がかかります（成績通知を希望する場合は、プラス８００円）。さらに、国公立大学でも、２次試験に平均１万７０００円の受験料が必要です。私立大学の場合は、一般入試に３万～３万５０００円がかかります。医学系や音楽系などの場合は、４万円以上かかる場合もあります。このように、大学受験は平気で10万～35万円くらいかかるものです。

もちろんどちらも交通費や写真代などは必要ですが、就活で企業にエントリーするための費用の安さが際立って見えませんか？

しかも就活のエントリー費用が0円であることは、どの企業を、何社受けても同じです。つまり、今の日本において、一流ホワイト企業の門戸は、大学生であれば誰にでも開かれているのです。まさに、「挑戦するだけならタダ」で、しかもうまくいった先には、これまでにご紹介した「一流ホワイト企業のメリット」が待っているわけです。1回きりの人生、1回きりの就活ですから、ぜひ、挑戦させてください。

ちなみに、こんなふうに企業の門戸が開放されている国はさほど多くありません。「自由」のイメージの強いアメリカは、学歴による差別が強く、必ずといっていいほど、大学・学科、時には研究室の応募制限があります。指定の大学・学科（・研究室）でなければ門前払いというわけです。さらにそんな指定条件をくぐりぬけても、GPA（成績評価値。0～4の5段階評価）が「3・5以上」などという厳しい選考基準が待っています。もちろんこれらはすべて募集要項でオープンにされていますが、批判する人はいません。

日本は、建前であっても、「どの大学でも学部でもOK」「大学での成績は問わない」と掲げているわけです。こんなチャンスに挑戦しない手はないはずです。

公開! 新卒にオススメの一流ホワイト企業ランキング!!

さて、ここからは「一流ホワイト企業とは何か?」を見ていきましょう。

本書では、「一流ホワイト企業」トップ１００社を紹介しますが、その前に、その１００社の判定基準を掲載しておきます。お子さんの志望する企業・内定を得た企業がトップ１００社に入っていない場合でも、その基準に当てはめていただければ、その企業の「一流度」と「ホワイト度」を測ることができるでしょう。

それではさっそく、「一流ホワイト企業」を見抜く３つの指標ですが、それは、

①ＯｐｅｎＷｏｒｋの**企業評価指標**
②『就職四季報』(東洋経済新報社)に掲載された**3年後離職率**
③帝国データバンク(ＴＤＢ)の**信用程度**(評点)

です。1つずつ解説していきましょう。

①OpenWorkの企業評価指標

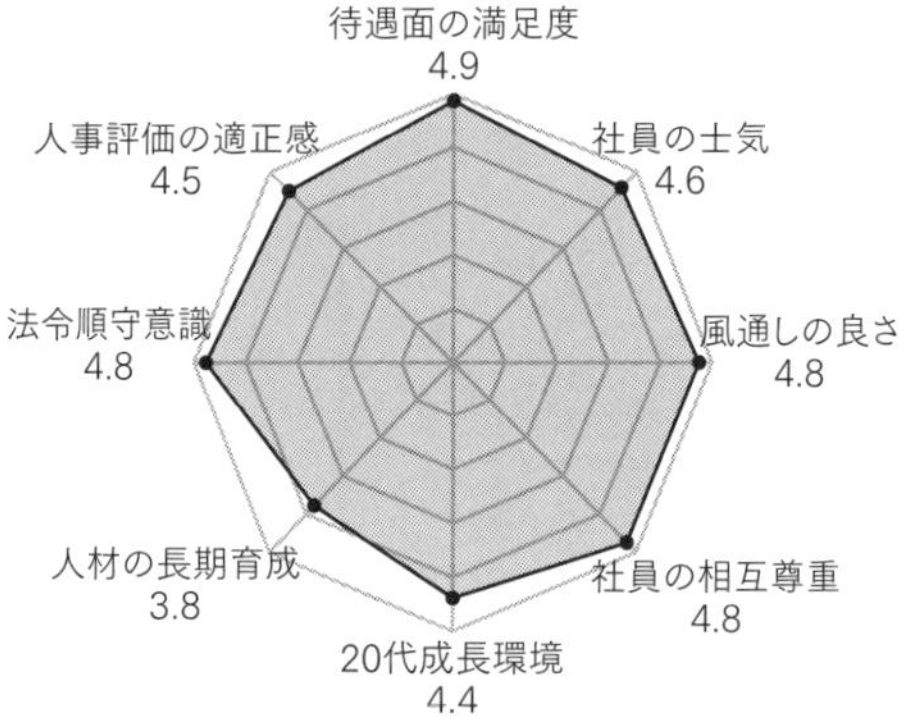

1つめは、OpenWorkの企業評価指標です。OpenWorkとはおもに転職希望者が使うウェブサービスで、従業員や転職者が匿名で「自分が勤めている会社はどんな会社か」を入力していく仕組みです。いわば、「社員のクチコミサイト」といったところでしょうか。

総合評価は「待遇面の満足度」「社員の士気」「風通しの良さ」「社員の相互尊重」「20代成長環境」「人材の長期育成」「法令順守意識」「人事評価の適正感」の8つの指標の5段階評価の平均値で算出され、上のような八角形で表示されます。

この八角形が大きければ大きいほど、勢いがあり、社員の満足度も高い「ホワイト企業」といえます。

たとえば、私がこの原稿を執筆している2023年2月時点では、総合評価トップはリクルートマネジメントソリューションズで「4・81」。2位はアクシスコンサルティングで「4・78」、3位はグーグルで「4・78」となっています。このように、「4」を超える企業は、ただ「ホワイト」であるだけでなく、ブランド力を持つリーディングカンパニーと見て間違いありません。

ほかにも、中外製薬（4・59）、マッキンゼー・アンド・カンパニー日本支社（4・75）、三井不動産（4・50）などが「4」を超える企業です。

この総合評価を**「5段階評価の通知表」**と見れば、本書が勧める「一流ホワイト企業」の基準の1つは、この総合評価が「3・5」を超えること……と言いたいところではありますが、この数値は企業にとって厳しすぎるようです（実際、総合指標が500位のプリントパックで「3・81」。このペースで数字が下がれば、本書の認定する「一流ホワイト企業」が1000社を大きく下回ることになってしまいます）。

そこで、社員のクチコミが「ポジティブなもの（社員が会社を支持していて、一定の人気がある）」から「ネガティブなもの（社員が会社に不満を持っている）」へと切り替わる「3」以上の会社を、ここでは合格点としたいと思います。

このサイトのもう一つの使い方は、「組織体制・企業文化」「働きがい・成長」「ワーク・ライフ・バランス」「企業分析（強み・弱み・展望）」「入社理由と入社後ギャップ」「女性の働きやすさ」「退職検討理由」「経営者への提言」「年収・給与」のクチコミを見ることです。**社員のリアルな声は、企業研究をする際にも役に立つ**でしょう。ぜひお子さんに教えてあげてください。

残業時間や有休消化率、競合との比較、業界内の順位なども見ることができます。

ただし、個別のクチコミを見るためには、会員登録及び在籍する企業についてのクチコミ投稿が必要です。ですから、ここでは親御さんがご自身の在籍企業のクチコミを登録いただいて、お子さんがクチコミを見られる環境をつくってあげていただければと思います（過去に在籍した企業でも登録可能です）。

②『就職四季報』（東洋経済新報社）に掲載された３年後離職率

２つめは、東洋経済新報社の『就職四季報』に掲載された３年後離職率です。

３年後離職率とは、新卒で入社した社員数のうち、３年以内に離職する社員の割合をいいます。離職率が高い企業ほど社員の不満が高く、業務がきつい傾向です。反対に**離職率が低い企業は、長く働ける企業、社員を大切にする企業**だということがわかります。

では、離職率はどのくらいが標準なのでしょうか。

まず、離職率０％という会社も少なくありません。前述の『就職四季報』２０２３年版によると、１０３社が入社後３年間に１人も辞めなかったという実績でした。その１０３社の中には大量採用の会社もあります。

３年後離職率の目安は「30％程度」とされています。ですが、２０２０年入社者の平均は31・２％、２０２１年入社者の平均が31・５％であることも考えると、３年後離職率が30％を切るからといって「ホワイト企業」と呼ぶのは、かなり甘めの評価です。

なぜなら、**新卒で入った会社、そしてそこで面倒を見てくれた上司に対しては、よほど**

のことがなければ恩義を感じるからです。入社段階の新入社員は、正直、学生とそこまで変わりません。それでも教育し、給料まで払ってくれるわけですから、多くの方は「会社に対して貢献できるようになろう」という気持ちが自然と芽生えてくるはず……。

そんな状況にある人の10人に3人が3年も経たずに会社を辞めるとなれば、そこには**何か辞めたくなる理由がある**はずです。というわけで、3年後離職率が30％を超える企業は、「ホワイトではない」というよりも、「ブラックの可能性が高い」といっていいでしょう。

ただし、リクルートのような「人材輩出企業」といわれる会社は、成長した社員からどんどん退職していきますから、離職率は高くなりがちです。起業したい人の一種の修行場所として機能していることを考えれば、高めに出ても気にする必要はありません。高離職率なのにＯｐｅｎＷｏｒｋの評価が高い企業は、このパターンと考えていいでしょう。

③帝国データバンク（ＴＤＢ）の信用程度（評点）

3つめの指標が、帝国データバンク（ＴＤＢ）の信用程度（評点）です。

帝国データバンクとは国内最大手の「信用調査会社」であり、その企業の「業歴（企業運営の継続性）」「資本構成（財務の安定性）」「経営規模（年売上高や従業員数）」「損益」「資金現況」「経営者（経営者個人の資産背景や経営経験、人物像）」「企業活力（人材や将来性）」の項目を合わせて１００点満点になるように評価しています。

つまり、この**評点が高いほど、財務基盤がしっかりし、経営が安定している信用できる企業だ**というわけです。当スクールの場合、某金融機関の基準と合わせて評点が60以上を「優良企業」「一流企業」と分類しています。

このデータはおもに、官公庁や一般企業（金融機関の与信部門担当者、企業の営業管理・審査・経理担当者、中小企業の経営者など）が利用するもので、有料です。本書では、そのデータそのものは開示できませんのでご了承ください。

また、帝国データバンクでは、銀行や信用金庫、海外投資機関、協同組合、生命保険や損害保険などは評点対象外です。お子さんが志望する場合はこれ以外の２つの指標のみで評価するといいでしょう。

一流ホワイト企業を測る3つの指標の使い方

以上の3つの指標を見れば、企業の経営状態、特徴、将来性、働く人の満足度、勤務の実態と、その企業を総合的に評価できます。

実際、当スクールでも、学生の就活指導の際はこれらの指標に基づいて、「社員から見てよい企業」「新卒を大事にする企業」そして「投資家から見ても財務基盤がしっかりしている企業」を「新卒で入りたい一流ホワイト企業」と定義し、「離職率」「社員からの評価」「残業時間」「有給休暇取得率」「財務指標」などの各種指標を総合的に重みづけして100点満点でランキングを作成しています。

全部で上場企業1200社ほどを点数化したのですが、すべてを載せるには紙面が足りないため、この本には上位100社のみを掲載したいと思います。

なお、本ランキングは2023年1月時点のもので、おもに2024年度の卒業生に向けて作成しています。時間が経てば企業の状況は変わるため、ランキングも変化していきます。

もし、執筆から数年後に本書のノウハウを活用する場合には、ランキングだけでなく、ご自身で指標そのものに当たってみたほうが、よりタイムリーなホワイト度、一流度を知ることができるでしょう。

それではさっそく、次のページから、ランキングを見ていきます。

※昨年度の情報（２０２３年度卒業生向けのランキング）は当社ＨＰ（https://avalon-consulting.jp/white-company）をご覧ください。

一流ホワイト企業ランキング　1位～25位

順位	企業名	業界	合計得点
1	Facebook Japan	IT	93.4
2	グーグル	IT	92.4
3	アマゾン ウェブ サービス ジャパン	IT	92.0
4	インクグロウ	コンサルティング	90.8
5	ISSリアライズ	商社	88.0
6	リクルートマネジメントソリューションズ	人材関連	86.8
7	ヴイエムウェア	IT	86.7
8	サントリーホールディングス	食品	86.7
9	特許庁	官公庁・社団	86.7
10	オートデスク	IT	86.6
11	マースジャパンリミテッド	食品	86.5
12	三井不動産	不動産開発	86.2
13	プルデンシャル生命保険	金融	85.7
14	ライズ・コンサルティング・グループ	コンサルティング	85.5
15	アカマイ・テクノロジーズ	IT	85.4
16	セールスフォース・ドットコム	IT	84.9
17	エミレーツ航空	運輸	84.7
18	旭化成（化学）	化学・セメント・素材関連	84.7
19	アークシステム（システム運用・東京都中央区）	IT	84.6
20	Twitter Japan	IT	84.5
21	ナイル（インターネット）	IT	84.5
22	マスワークス	IT	84.3
23	三菱地所	不動産開発	84.2
24	シスコシステムズ	IT	84.0
25	電力中央研究所	官公庁・社団	83.9

一流ホワイト企業ランキング　26位〜50位

順位	企業名	業界	合計得点
26	ベイン・アンド・カンパニー・ジャパン・インコーポレイテッド	コンサルティング	83.8
27	AT&Tジャパン	IT	83.5
28	アメリカン・エキスプレス・インターナショナル・インコーポレイテッド	金融	83.5
29	シーメンスEDAジャパン	IT	83.5
30	第一三共	医薬品・医療関係・日用品	83.4
31	三菱商事	商社	83.3
32	エクスペディアホールディングス	IT	83.2
33	三井物産	商社	83.0
34	日本マイクロソフト	IT	82.9
35	マイクロソフト ディベロップメント	IT	82.9
36	住友商事	商社	82.8
37	テクトロニクス＆フルーク	自動車・機械関連	82.6
38	サイボウズ	IT	82.4
39	シュルンベルジェ	自動車・機械関連	82.4
40	ブルームバーグ・エル・ピー	IT	82.4
41	中外製薬	医薬品・医療関係・日用品	82.4
42	Apple Japan	IT	82.4
43	サントリーフーズ	食品	82.0
44	シンガポール航空	運輸	82.0
45	味の素	食品	81.9
46	RSエナジー	石油関連・電力・エネルギー系	81.9
47	コスモスイニシア	不動産	81.8
48	アシスト(SIer・東京都千代田区)	IT	81.8
49	シンジェンタジャパン	化学・セメント・素材関連	81.7
50	クラリベイト・アナリティクス・ジャパン	IT	81.5

一流ホワイト企業ランキング　51位〜75位

順位	企業名	業界	合計得点
51	アンシス・ジャパン	IT	81.5
52	東京エレクトロン テクノロジーソリューションズ	自動車・機械関連	81.5
53	構造計画研究所	コンサルティング	81.4
54	イグニション・ポイント	コンサルティング	81.4
55	ゴールドマン・サックス・アセット・マネジメント	金融	81.4
56	アステラス製薬	医薬品・医療関係・日用品	81.3
57	VOYAGE GROUP	マスコミ・広告・メディア関連	81.3
58	リクルートスタッフィング	人材関連	81.1
59	ロバート・ウォルターズ・ジャパン	人材関連	81.1
60	トヨタファイナンシャルサービス	金融	81.0
61	カタール航空	運輸	80.9
62	豊田通商システムズ	IT	80.9
63	P&Gジャパン	医薬品・医療関係・日用品	80.8
64	インテル	自動車・機械関連	80.6
65	NGB(旧・日本技術貿易)	コンサルティング	80.5
66	野村アセットマネジメント	金融	80.5
67	日星電気	化学・セメント・素材関連	80.4
68	トヨタ自動車	自動車・機械関連	80.4
69	東京ガス	石油関連・電力・エネルギー系	80.4
70	ケンブリッジ・テクノロジー・パートナーズ	コンサルティング	80.4
71	freee	IT	80.3
72	伊藤忠商事	商社	80.3
73	JSOL	IT	80.2
74	ジュニパーネットワークス	IT	80.1
75	フューチャーブレーン	個人向けサービス・小売・エンタメ	80.0

一流ホワイト企業ランキング　76位〜100位

順位	企業名	業界	合計得点
76	ガートナージャパン	コンサルティング	80.0
77	日本GLP	不動産	79.9
78	Majorel Japan(旧・Booking.com Customer Service Center Japan)	IT	79.9
79	スリーエムジャパンイノベーション	化学・セメント・素材関連	79.9
80	野村不動産	不動産	79.9
81	三井不動産レジデンシャル	不動産	79.8
82	日本郵船	運輸	79.8
83	安田屋	個人向けサービス・小売・エンタメ	79.8
84	電通国際情報サービス	IT	79.8
85	アバナード	コンサルティング	79.7
86	Indeed Japan	IT	79.7
87	キャセイパシフィック航空	運輸	79.6
88	キッコーマン	食品	79.5
89	Colorkrew	IT	79.5
90	A.T. カーニー	コンサルティング	79.5
91	伊藤忠丸紅鉄鋼	商社	79.5
92	ポリプラスチックス	化学・セメント・素材関連	79.4
93	日本たばこ産業(JT)	食品	79.3
94	フェデラルエクスプレスジャパン	運輸	79.3
95	日本紙パルプ商事	商社	79.3
96	リクルート	人材関連	79.2
97	デュポン	化学・セメント・素材関連	79.2
98	NTTデータ・フィナンシャルコア	IT	79.2
99	ブラザー工業	自動車・機械関連	79.0
100	住宅金融支援機構(旧・住宅金融公庫)	官公庁・社団	78.9

※合計得点は小数第二位を四捨五入。順位は四捨五入前の得点に基づく。

一流ホワイト企業と業界分析

ランキングはいかがでしたか？　お子さんが志望している業界・企業は入っていたでしょうか。ここでは、もう少しランキングを掘り下げてみます。

まず全体ですが、**ランキングが上位であるほど、有名で、かつブランド力のある企業がランクインしています。**多方面に事業を展開しているところも多く、就活生にもおなじみの企業がほとんどでしょう。そのため、自由応募の市場においては、「ひとまずエントリーしてみよう」という学生も多く、**倍率が非常に高くなる**傾向にあります。

ランキング中位から下位になると、専門分野で業界トップという企業が増えてきます。就活生にはそこまでなじみはない企業もちらほら出てくるはずです。とはいえ、ここに掲載されている企業は、**待遇のよさは折り紙付き**です。「名前を知っているから」というだけでなく、このランキングで初めて知った企業も見ていったほうが、内定は得やすいはずです。

業界ごとの傾向と特性

ここからは、ランキングに掲載されている企業の、業界ごとの特徴を解説していきます。

○商社

本ランキングには総合商社が多くランクインしています。「三菱商事」（31位）、「三井物産」（33位）、「住友商事」（36位）、「伊藤忠商事」（72位）などは20代の給与、成長環境、福利厚生の面からしてどれも、新卒で入社することを勧めたい企業であることは間違いありません。海外で大きなビジネスがしたい人や、社会的にインパクトのある仕事がしたい人、その他マネジメントに関わりたい人にオススメです。

30代で年収が1000万円を優に超えるという高待遇が得られることに加え、長期的にマネジメントに関わっていくようなビジネスパーソンとしてのスキルも身につくため、例年人気のある企業群です。

総合商社以外にも、専門商社として、5位に「ＩＳＳリアライズ」、91位に「伊藤忠丸紅鉄鋼」、95位に「日本紙パルプ商事」が入っています。

総合商社にせよ専門商社にせよ、選考難易度は高いので要注意です。とくに留学経験者で商社を志望する学生は多いですが、留学経験者もこの10年で倍増しているため、競争が激化しています。例年の傾向からも5大総合商社（「三菱商事」「三井物産」「伊藤忠商事」「住友商事」「丸紅」）の倍率は100倍以上と予想され、内定には入念な対策が必須です。

なお、今年のランキングでは、専門商社の「ＩＳＳリアライズ」が5位と躍進（昨年は19位）し、他社を追い抜く結果となりました。「ＩＳＳリアライズ」は業量と給与のバランスがよく、総合点が向上したことがその要因として挙げられます。

○不動産デベロッパー

総合不動産デベロッパーは、丸の内や虎ノ門などの土地をおさえていて高い賃料でオフィスを貸せること、大家業で安定収益が稼げることから高給となり、離職率も低いことが特徴です。

また、海外事業への注力が始まっており、ランキングに入った「三井不動産」（12位）は「2025年前後をめどに、海外事業の営業利益の割合を全体の30％、金額にして1000億円。2018年の約2倍にまで伸ばすことを目指す」と発表しています。その意味でグローバル志向のある学生にも勧めたいですが、選考難易度は総合商社と並んで最難関の業界の1つです。

この業界の仕事には、高い処理能力と多数の関係者と協調する力が求められます。また、選考では物件めぐりなどが必須のため、質・量ともに十分な選考対策が必須です。

なお、総合デベロッパーの「三井不動産」、「三菱地所」（23位）、「野村不動産」（80位）などは例年ランクインしていますが、昨今の物流不動産ニーズの高まりを受け、今回、物流領域に特化したデベロッパーの「日本ＧＬＰ」（77位）もランクインしています。

○食品・日用品メーカー

例年、食品や日用品の業界は安定してランクインしています。一般消費者向け、いわゆるtoCメーカーは、認知度と好感度が売上の肝であり、ＣＭなどで企業名や商品名を聞いたことのある場合がほとんどです。ランキングに入っている「サントリーホールディングス」（8位）、「味の素」（45位）、「キッコーマン」（88位）、「日本たばこ産業（ＪＴ）」（93位）といった名前は一度は聞いたことがあると思います。

しかし就活という観点では、認知度と好感度のせいで倍率は異常な高さと言わざるを得ません。たとえば、「雪印メグミルク」は今回、１００位以内にランクインしていませんが、倍率は４８２倍です。ほとんどの人が就活で挫折する業界であるといって過言ではありません。念入りな対策が必須です。

○官公庁

9位の「特許庁」は、ここ数年連続でランクインしている常連です。今回、順位も上昇しています。口コミサイトによると、「特許取得への貢献感」や「審査まで行なえることのやりがい」などを感じている職員が多いようです。

25位の「電力中央研究所」も例年ランクインしており、国内唯一の電力研究機関として存在感を発揮しています。専門性をもって国益に貢献できるため、ハードルは非常に高い一方で、やりがいも大きいといえるでしょう。

また１００位には、「住宅金融支援機構」がランクインしました。官公庁・社団は公共性を持って仕事ができるため、就職を検討してみてもいいでしょう。

○石油関連・電力・エネルギー系

石油関連や電力・エネルギー系の企業は、今年は2社（46位「ＲＳエナジー」と69位「東京ガス」）がランクインしました。例年よりは会社数が減っています。

その理由としては、昨今の電力自由化によって競争が激化していることや、政府がカーボンニュートラルを掲げたことでビジネス転換を余儀なくされていること、また資源価格の上昇が挙げられます。

とはいえ、これらのインフラ系は地盤が安定しており、ホワイトに長く働ける特徴は継続する見込みです。

○IT

昨年に続いて伸びており、全業界トップのランクイン数となっています。ＩＴコンサルも含めると全体の4割を占めており、就職活動では検討すべき業界といえるでしょう。まさに今の時代を反映している企業群です。

一口にＩＴといっても、インターネット・ウェブ業界、情報処理・情報通信サービス業界、ソフトウェア業界、ハードウェア業界と種類は複数あります。ＩＴ業界を志望する場合はどこでどんな活躍をしたいかを明確にすること。企業を受ける際は、各企業がどんな課題を解決しているのかに着目することが選考を突破するコツとなります。各社が提供するソリューションをしっかりと理解しておきましょう。

なお、1位の「Facebook Japan」、2位の「グーグル」は格別の福利厚生やオフィス設備で有名です。そのオフィスだけでも一度は見学してみたいものですね。

○医療品・医薬品

医薬品・医療関係のホワイト企業のランキング数は、昨年に比べ減少しました。コロナ禍明けの地の力の差が出た結果です。

また、最近は薬価改定が行なわれており、新薬の研究開発の可否が収益性に大きく関わるようになってきています。

ランキングに入っている「第一三共」（30位）、「中外製薬」（41位）は抗《こう》癌《がん》剤《ざい》に強みを持っており、「アステラス製薬」(56位)は前立腺癌《ぜんりつせんがん》や泌尿器《ひにょうき》に強みを持っています。今後も国内人口の高齢化に伴って癌の患者数はまだまだ増えそうですね。

一方、ランキングに入ってはいませんが、製薬会社の中堅企業も、働きやすさという点ではオススメです。待遇がとてもいいうえに残業時間もそこまで長くないことが特徴です。頭に入れておくといいと思います。

◯自動車・機械関連

自動車業界は昨今、苦戦を強いられています。コロナ禍による買い控えは収まり需要は増えていますが、一方で、世界的な半導体不足・電子部品不足による自動車の減産の影響が非常に大きく出ています。

半導体や電子部品の不足の背景にはデジタル化による需要増があり、世界的に品薄状態です。その観点から、半導体関連メーカーや電子部品・精密機器メーカーは好調です。昨年はランクインしていなかった「インテル」が64位につけていることが、その証明といえるでしょう。

電子部品系は種類が多く、企業研究と軸づくりが非常に難しい傾向にあります。面接で「なぜ電子部品（または、半導体、テスター……）なのか」「その中でなぜその会社を志望するのか」を聞かれた際に、説得力ある発言ができるかどうかが、内定の条件となることを覚えておきましょう。

◯化学・素材系

この業界はそもそもホワイト企業が多いですが、さらに今年は産業向けの需要の回復によってランクインする企業が増えました。今回初ランクインした「シンジェンタジャパン」（49位）の平均年収は８６７万円であるなど、高待遇の会社が多いです。

ただし、その分、選考倍率は高くなりがちです。理系学生および大学院生の間でさえ例年熾烈な闘いが繰り広げられており、大手企業の研究職は旧帝大の学生でも、一握りしか受かりません。

また、文系総合職も４、５人しか採用しない企業が多いため、非常に高倍率です。入念な対策なしでは通過は困難な業界といえるでしょう。

○マスコミ

マスコミからは、今年はネット広告の「VOYAGE GROUP」(57位)のみがランクインしました。ネット広告やネットメディアは確実に成長しており、今後も需要は広がると考えられます。就活生にオススメの業界といえるでしょう。

○金融

金融関連企業については、昨年のランキングからあまり変動が見られませんでした。資産運用、クレジットカード、リースなどの会社が、例年ホワイト企業としてランクインしています。今年度も、「アメリカン・エキスプレス・インターナショナル・インコーポレイテッド」(28位)、「ゴールドマン・サックス・アセット・マネジメント」(55位)、「トヨタファイナンシャルサービス」(60位)、「野村アセットマネジメント」(66位)が入っています。

昨今の金融業界は採用枠を激減させており、選考が難化しています。メガバンクは業務の自動化で生産性の高い業務を行なえる学生だけを求めるようになっており、証券会社もネット証券が主流となった影響で、リテール(個人客や中小企業を対象とした営業職)から社員育成をするというルートを削っています。

金融業界でホワイトに働きたい場合は、高倍率の選考をくぐり抜けることが不可欠です。入社できれば手厚い研修と成長環境が用意されるので、入社が第一の難関であるといえるでしょう。

なお、生命保険や損害保険は、比較的採用が多く、入りやすい業界として知られています。しかし、生保主要8社への調査から、営業職員の6割近くが2年以内に離職することがわかっています。

◯人材

人材業界では、やはり「リクルート」（96位）とその子会社「リクルートマネジメントソリューションズ」（6位）、「リクルートスタッフィング」（58位）の強さが際立っています。コロナ禍が落ち着き、人材市場の動きも戻りつつある昨今、リストラと連動したアウトプレースメントサービスや派遣サービスはむしろ需要が増えています。

一方で、グローバル人材や高付加価値人材の争奪戦が加速しています。ランク外ではありますが「ビズリーチ」などのサービスも伸びており、高級人材派遣ともいわれるコンサルティングファームでは、未経験からパートナークラスまで引き抜きが盛んに行なわれています。

○コンサルティング

今年も多くのコンサルティング会社がランクインしました。昨今のコロナ禍の影響により経営不安な会社が多いことが要因です。コンサル会社は全般的に給与が高い傾向にあり、クライアントへの提案という業務が学生からすると「かっこいい」と映るため、例年人気で倍率は高いです。

しかし、経営コンサルなどを行なう企業は、多くの学生にとって新卒での入社は困難です。旧帝大や早慶の学生が殺到するハイレベルな集団の中で、頭ひとつ抜け出なければ内定できない現状があります。

こうした企業への就社を希望する場合は、コンサル会社で働く社会人とディスカッションを重ね、基礎力を高めることが必要となります。

ただ、学生を指導している中では、コンサルに向いてなさそうな学生が志望しているケースが多い印象です。コンサルの仕事は、おもには資料作成。大学や大学院で求められるレポートの延長のようなもので、勉強が好きな学生に向いている仕事です。言い換えれば、そうでない方には苦痛でしかない仕事ですので、お子さんがコンサル業界を希望している場合には、適性を見てあげるといいでしょう。

総合コンサル会社といえば、私の前職「デロイト トーマツ」や「ＰｗＣ」「ＥＹ」「ＫＰＭＧ」（以上４社でＢＩＧ４）、「マッキンゼー」や「日本総研」「三菱総研」が有名かつ人気です。

○運輸

運輸業界は昨年に比べ、多くの企業がランクインしました。この業界は２０２０～２０２２年にコロナ禍の影響を真正面から受けた業界ですが、コロナ禍が落ち着くとともに円安の影響もあって、海外からのインバウンドが増加しています。

旅客の需要も少しずつ回復しており、客室乗務員（ＣＡ）の採用も復活してきています。「エミレーツ航空」（17位）、「シンガポール航空」（44位）、「カタール航空」（61位）、「キャセイパシフィック航空」（87位）などはＣＡからの評価が高くなっています。

また、82位には「日本郵船」がランクインしました。海運業で国内首位であり、陸・空運含めた総合物流も強化しています。こちらも就活生から根強い人気のある企業ですが、社員のレベルが高く、入社難易度も非常に高くなっています。

○個人向けサービス・小売・エンタメ

今回のランキングでは、この業界は「フューチャーブレーン(美容)」(75位)と「安田屋(パチンコ)」(83位)の2社のみのランクインとなりました。ランクインする企業が少ない理由としては、コロナ禍での需要減退もありますが、給与の割に労働環境が悪い企業が多いということが挙げられます。

しかし、エンタメ業界自体は停滞している中でも人気は根強く、高倍率となっています。それは多くの就活生にとって憧れがあるからです。エンタメ業界を志望する場合は、他業界との併願をオススメします。

コラム わが子の「目指す会社」が、「一流ホワイト企業」でないときは

繰り返しになりますが、本書はお子さんの「一流ホワイト企業」への内定を目指す1冊です。親御さんはそう思って本書を手に取っているのに、

「別に私、一流ホワイト企業に行きたいわけじゃない！」

とお子さんが言い出したら、どうしたらよいでしょうか。

その際、何より大切なのは、なぜお子さんが先のような発言をしたか、という理由です。私は、次のような理由の場合には、「一流ホワイト企業」を受けさせないほうがいいと考えています。

①やりたい仕事がはっきりしており、それが「一流ホワイト企業」ではできない場合

この場合、「一流ホワイト企業」を受けさせたところでミスマッチ。就職できたとしても辞めてしまうだけです。自分で決めたことはどれだけつらくてもやりきれますので、やりたいと決めたことがあるのであれば、それを応援してあげるのがよいでしょう。

②「一流ホワイト企業でやっていける気がしない」と思っている場合

お子さんが「自分は『一流ホワイト企業』でやっていける気がしない」と思っているなら、入っても幸せにはなれません。受けさせるだけムダでしょう。

③選考で立て続けに落ち、精神を疲弊させている場合

就活には精神力が必要です。その精神面が弱っている段階では、「一流ホワイト企業」はさらなる難関です。精神がさらに疲弊するだけなので、そのときはやめておきましょう。

反対に、もしお子さんの挙げた理由が次のようなものなら、絶対にチャレンジさせたほうがいいでしょう。

①すでに納得のできる企業に内定をもらっている場合

お子さんは、就活に疲れているかもしれませんが、自己肯定感も高い状態にあります。記念受験でいいので受けさせてみるとよいでしょう。

②まだ全然就活をしていないのに、どうせ受からないと思って諦めているだけの場合

受けてみないことには始まりません。誰にでも可能性はあるものです。

③意味不明な理由で「自分にはベンチャーが向いている」と言い出した場合

学生の中には、「自分はベンチャーに向いている」と思い込んでいる人がいます。もちろん、「やりたいことがベンチャーでしかできない」というならば、無理に「一流ホワイト企業」を受ける必要はありません。しかし、私が見てきた限りでは、「ベンチャーが向いている」と主張する学生の中には一定数、「大企業には受からないだろう」という弱気の裏返しでそう言っているだけ、という人がいます。

そうした学生の多くは「ベンチャーは実力主義だから、そこにひかれた」と言うのですが、実際のところ多くのベンチャー企業では、普通の暮らしができる給料がもらえるのは実力がある人のみで、そうでない場合は（普通の暮らしが難しいくらいの）薄給となりがちで、ブラック企業が多いのが特徴です。そうとわかっても、お子さんは「ベンチャーのほうが向いている」と言うでしょうか？　もし「大企業がダメだからベンチャー」と思っているようなら、その考えは改めさせたほうがいいでしょう。

第3章

一流ホワイト企業の採用基準と親の役割

一流ホワイト企業が求める人物像には、共通点がある

ここからは、一流ホワイト企業ランキング１００社を踏まえて、さっそく**「どのようにして一流ホワイト企業から内定を得るか」**について、見ていきましょう。

まず、先ほどの一流ホワイト企業はどのような人材を求めているのでしょうか。当社では、各企業のＨＰや『就職四季報』から、一流ホワイト企業が求める人材を調査しています。ここでは、その調査結果の中から、先ほどのランキング１００社が求める人材をまとめてみます。

一流ホワイト企業が求める人材像　1位〜20位

順位	企業名	求められる人材
1	Facebook Japan	高い専門性を持った人
2	グーグル	「スマート・クリエイティブ」な人
3	アマゾン ウェブ サービス ジャパン	AWSの良さを理解し、AWSを広めていくことに情熱をもって取り組める人
4	インクグロウ	会社のvalueに共感し、自己成長できる人
5	ISSリアライズ	チャレンジ精神やグループを引っ張っていく力がある人
6	リクルートマネジメントソリューションズ	「自律」と「協働」を通して成長したいと思う人
7	ヴイエムウェア	主体的に行動でき、自ら課題を見つけて解決できる人
8	サントリーホールディングス	コミュニケーション力や対応力のベースとなる「誠実」な人
9	特許庁	公共性を持って職務を全うできる人
10	オートデスク	円滑にコミュニケーションを取ることができる人
11	マースジャパンリミテッド	個人事業主のように事業を展開して使命を達成できる人
12	三井不動産	主体性を持って周りを巻き込むことができる人
13	プルデンシャル生命保険	生命保険を通して社会に貢献できる人
14	ライズ・コンサルティング・グループ	様々なテーマのプロジェクトに幅広くチャレンジし自身を成長させたい人
15	アカマイ・テクノロジーズ	想像力が豊富で、聡明な人
16	セールスフォース・ドットコム	世界で最も革新的な企業で1万人を超えるメンバーと共に成長したい人
17	エミレーツ航空	前向き思考で、チームワークを守りながらすばらしいサービスを提供できる能力を持った人 様々な文化背景を持った人々に対応できる人
18	旭化成(化学)	未知を恐れず、挑戦できる方 周囲を巻き込み、チームワークを大切にできる方 意欲を持って主体的に行動できる方
19	アークシステム(システム運用・東京都中央区)	主体的に学び組織に貢献することができる人
20	Twitter Japan	積極的に自分の能力を発揮してくれる人

一流ホワイト企業が求める人材像　21位〜40位

順位	企業名	求められる人材
21	ナイル(インターネット)	誰かのために、自分のスキルを活かしたり、未来のために、もっと自分を成長させたい。そんなマインドと行動力を持った人
22	マスワークス	継続的に自己研鑽に励むことができる人
23	三菱地所	「『志』ある人」「『現場力・仕事力』のある人」「『誠実・公正』である人」「『組織』で戦える人」「『変革』を起こす人」
24	シスコシステムズ	探究心と高い論理性を持った解決力
25	電力中央研究所	広く社会に貢献しようと考えることができる人
26	ベイン・アンド・カンパニー・ジャパン・インコーポレイテッド	ベインのカルチャーやビジネスのあり方に共感し、事の本質を常に見極められる人
27	AT&Tジャパン	自立自走できる人
28	アメリカン・エキスプレス・インターナショナル・インコーポレイテッド	「アメリカン・エキスプレス」ブランドに誇りと責任感を持ち、自己のリーダー・シップによって物事に取り組める人
29	シーメンスEDAジャパン	Questaファミリーのプリセールス活動の一翼を担い、IC論理設計のソリューションを提供しながらIC設計業界の発展に貢献できる人
30	第一三共	既存の枠組みにとらわれず複雑な課題に果敢にぶつかっていく好奇心と冒険心にあふれる
31	三菱商事	「信・知・力」を兼ね備えている人
32	エクスペディアホールディングス	ビジネスに対して強い情熱を持てる人
33	三井物産	自分がやるべき一歩を自分で考えて決めて行動できる自律したマインドを持つ人
34	日本マイクロソフト	多様なメンバーと共に主体性と情熱をもって「実現したい未来」の創造に挑戦したい人
35	マイクロソフト ディベロップメント	高度なプログラミング能力と高い英語能力がある人
36	住友商事	世界中で活躍できる資質と高い志を持った人
37	テクトロニクス＆フルーク	イノベーションに興味を持ち、サクセスストーリーをインプットできる人
38	サイボウズ	チームワークと個性を大切にすることができる人
39	シュルンベルジェ	主体的に業務を進めようと思える人
40	ブルームバーグ・エル・ピー	さまざまな角度から物事を捉え、解決策を見いだし、みずから率先して協力し合える人

一流ホワイト企業が求める人材像　41位〜60位

順位	企業名	求められる人材
41	中外製薬	製薬会社を通じて社会貢献をしたいと考えている人
42	Apple Japan	完璧さや理想を追求し、ゼロから何かを生み出すことができる才能豊かな人
43	サントリーフーズ	コミュニケーション力や対応力のベースとなる「誠実」な人
44	シンガポール航空	「先進的」かつ「ホスピタリティ」があり「高レベルのサービス」を提供できる人
45	味の素	新しいものを築き上げるときに立ちはだかる困難も楽しみに変えられる人 私たちの会社に新しい息吹を吹き込んでくれる人
46	RSエナジー	社会へ価値を還元したい人
47	コスモスイニシア	既成概念を取り払った発想と行動力で新しい価値の創造をすることができる人
48	アシスト（SIer・東京都千代田区）	顧客に対してフルコミットすることができる人
49	シンジェンタジャパン	アグリビジネスに共感し、キャリア・リーダーシップを磨くことを求める優秀な人
50	クラリベイト・アナリティクス・ジャパン	チャレンジを恐れずにイノベーションを起こすことができる人
51	アンシス・ジャパン	「当たり前」をはるかに超えた仕事に取り組むことができる人
52	東京エレクトロン テクノロジーソリューションズ	時代の先端を想像し創造できる人
53	構造計画研究所	学習意欲の高い人
54	イグニション・ポイント	変化を楽しめる人
55	ゴールドマン・サックス・アセット・マネジメント	知性にあふれ、才能豊かな起業家精神と行動力を併せ持つ、洞察力の優れた人
56	アステラス製薬	顧客との信頼関係を構築し、信頼を得ることができる人
57	VOYAGE GROUP	創業時からの想い「SOUL」と、価値観である「CREED」に共感し、高い成長意欲と志を持って共に取り組んでいける人
58	リクルートスタッフィング	強い好奇心を持っている人
59	ロバート・ウォルターズ・ジャパン	自らの可能性を諦めずに挑戦を続ける人
60	トヨタファイナンシャルサービス	自身の強みを発揮し磨き続ける実行力・人間力で百年に一度の大変革を切り拓く人

一流ホワイト企業が求める人材像　61位〜80位

順位	企業名	求められる人材
61	カタール航空	高度な英語力を持ちホスピタリティが高い人
62	豊田通商システムズ	お客様の状況を正確に聞き、行うべきことを判断することができる人
63	P&Gジャパン	多様性を認め、協力しあって仕事をすることができる人
64	インテル	現状に満足することなく常に新しいものを追い続けられる人
65	NGB(旧・日本技術貿易)	状況に応じた戦略立案・戦術展開を行う能力がある人
66	野村アセットマネジメント	自らの強みを生かして＜シン化＞し続ける覚悟がある人
67	日星電気	自ら考えて行動を起こすことができる人
68	トヨタ自動車	自ら高い目標を掲げ、周囲を巻き込んで挑戦していく人
69	東京ガス	自ら変わろうと行動し挑戦と失敗から学ぶことができる人
70	ケンブリッジ・テクノロジー・パートナーズ	変革をリードし、自らアクションを起こせる人
71	freee	ストレッチな環境で自分が成長することができる人
72	伊藤忠商事	アオくさくて笑われてしまうような、でっかい夢に情熱を燃やせる人
73	JSOL	目標に向かってチャレンジし、実現する意欲を持った人
74	ジュニパーネットワークス	誠実さを持ちイノベーションを起こすことができる人
75	フューチャーブレーン	自分と会社の成長のために、仕事を選ばず何でも取り組める向上心のある人
76	ガートナージャパン	常に継続性を意識し、顧客が利益を得るためにどう行動すべきか考えられる人
77	日本GLP	主体性を持ちチームプレーヤーでコミュニケーション能力を持つ人
78	Majorel Japan(旧・Booking.com Customer Service Center Japan)	必要な情報があれば自力でマニュアルから探すほか、メンバーに質問する積極性を持つ人
79	スリーエムジャパンイノベーション	自分で考え、粘り強く行動できる人 新しいアイデアをお客様とともに活かせる人 周囲の人をリスペクトし、周囲と積極的に関わっていける人
80	野村不動産	自らの成長を楽しみ、仲間とともに挑み続ける人

一流ホワイト企業が求める人材像　81位〜100位

順位	企業名	求められる人材
81	三井不動産レジデンシャル	チームワークを持って新たな価値を創造するチャレンジ精神を持つ人
82	日本郵船	主体性を持って他者を巻き込んで課題解決できる人
83	安田屋	リーダーシップを持っている人
84	電通国際情報サービス	新しい価値を創造するためにチャレンジすることができる人
85	アバナード	変化に柔軟に対応することができる人
86	Indeed Japan	他者のために貢献する精神を持っている人
87	キャセイパシフィック航空	ー
88	キッコーマン	仕事に対して自立的に行動することができる人
89	Colorkrew	指示を受けて動くのではなく、主体的に行動できる人
90	A.T. カーニー	論理的思考力を持ち課題を分析することができる人
91	伊藤忠丸紅鉄鋼	自分という人間を磨き、自分自身で工夫をして仕事をすることができる人
92	ポリプラスチックス	多角的な視野を持ち、未知の分野にもチャレンジできる人
93	日本たばこ産業（JT）	JTで働きたいという「覚悟」を持っている人
94	フェデラルエクスプレスジャパン	チームワークを大切にでき、意欲的に新しいことを吸収して挑戦していける人
95	日本紙パルプ商事	新市場や新分野をリーダーシップをもって、自ら切り拓く姿勢を持つ人
96	リクルート	これをやりたいという主体的な「意思力」がある人
97	デュポン	未来に対して積極的な変革を起こすことができる人
98	NTTデータ・フィナンシャルコア	意欲的に学び続けることができる人
99	ブラザー工業	チャレンジ精神を持ち常に学び続けることができる人
100	住宅金融支援機構（旧・住宅金融公庫）	「自ら学び、自ら考えることができる人」、日々の環境変化に対応して「企業文化を変革しようとする熱意と行動力を持った人」

このように一覧表にして見てみると、**各社が挙げる「求められる能力」には、共通点があること**に気がつきます。「自ら考え自ら行動」「周囲と協力して問題を解決」「情熱・挑戦」「誠実・信頼」「創造」「グローバル」「コミュニケーション」などの文言が何度も出てきているのです。

そして各企業は、ＩＱやＥＱを測る試験を実施することによって、学生がこれらの「求める能力」を備えているかを見ています。

ＩＱ――「自ら考え自ら行動」「周囲と協力して問題を解決」

ＥＱ――「周囲と協力して問題を解決」「情熱・挑戦」「誠実・信頼」「コミュニケーション」

ＩＱとＥＱのかけ合わせ――「グローバル」「創造」

といった具合です。ですからやはり、**「一流ホワイト企業」に入るためには、ＩＱ、ＥＱをつけるのが近道**なのです。

そして、就活を滞りなく行なうためには就活力は不可欠です。

一流ホワイト企業が、学生のＩＱとＥＱを見るポイント

では、具体的な採用活動のどの場面で、お子さんのＩＱやＥＱは測られているのでしょうか。就活で評価されるＩＱの項目は８つあります。

・ＧＰＡ（学業成績）
・筆記試験
・作文
・ＳＰＩ（性格と能力を測る適性検査）
・留学経験またはＴＯＥＩＣ８７０点以上
・ゼミやハッカソン（ソフトウェア開発を競う大会）などのイベントでの表彰経験
・難関資格（司法試験や公認会計士・税理士など）
・研究・ゼミの内容が秀逸で職種に直結している

次に、就活で評価されるＥＱの項目も次の８つです。

・体育会でキャプテン経験があるなど、チームをまとめる経験をしてきた
・学生寮で寮長（RA）をしていた
・新規開拓営業経験・起業経験・コールセンターの経験がある（バイトやインターンなどを含む）
・何かの組織で周囲を巻き込み、協力して問題解決をした経験がある
・対社会人のコミュニケーションに慣れており、物腰が柔らかく、相手に配慮した言動ができる
・プレゼンがうまい
・海外で問題を解決した経験がある
・利他心と社会貢献の意欲が高い

EQは、おもに提出書類や面接を通して、他人の感情やメンツに配慮をしながら一緒に物事を成し遂げていくことができるかが測られるわけです。

IQとEQは、マトリクスにして4つのゾーンに分けてみると、わかりやすいでしょう。

IQ×EQ で就活生は測られる

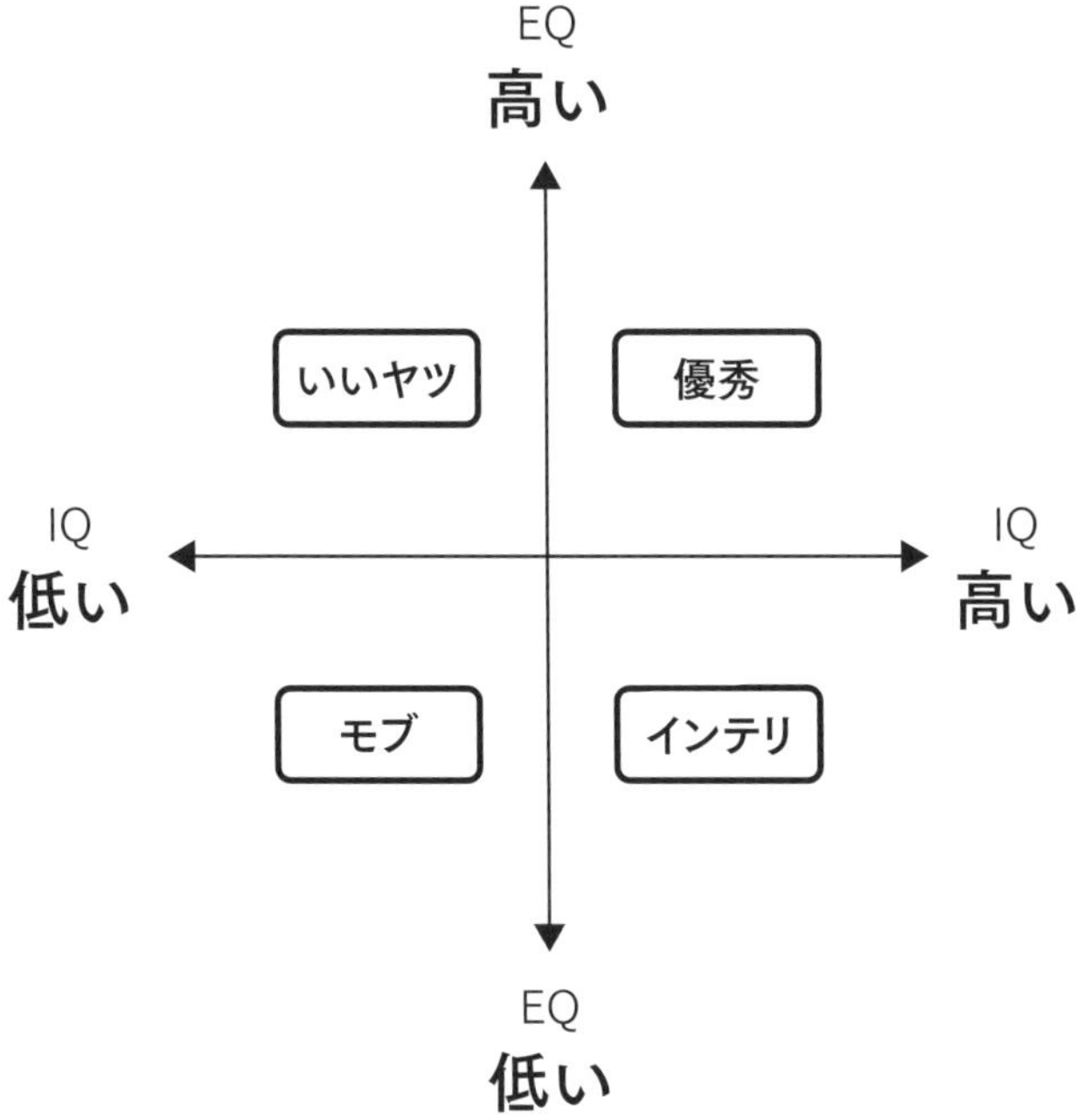

ＩＱもＥＱも高い人（１２３ページの右上の「優秀」ゾーン）は、就活力を高め、万全の対策をすることで内定の可能性が上がります。外資系企業を狙う場合には、それ専用のＳＰＩ対策やケース面接トレーニングなど、志望業界に合わせた準備をしてください。

ＩＱは高いがＥＱは低い人（同、右下の「インテリ」ゾーン）は、**残念ながらもっとも就活で苦戦するタイプ**です。これまで学業面では優秀であった経験からか、生意気と見られがちで、一流ホワイト企業に限らず多くの企業が採用を敬遠する傾向にあります。ロジックで相手を論破しようとするのを控え、「感謝」「謙虚」「今の自分があるのは周囲の人のおかげ」というような倫理観を高める必要があるでしょう。

選考までにまだ時間があるならば、新規開拓の飛び込み営業をするインターンや、コールセンターのバイトなどを経験しておくことをオススメします。

営業には度重なるヒアリングが必要です。周囲の人のライフスタイルや人生を知ることで人間の厚みが増し、共感力が上昇するでしょう。

また、営業でもコールセンターのバイトでも、「自分がこう言えば、相手はこういう反応をする」という、企業が求める当たり前のやり取りに慣れることができます。コミュニケーションにおいて重要な、相手を理解し、共感するという力、自分の世界に閉じこもらず相手を理解しようとする他人尊重の姿勢などを身につけることができるでしょう。時間はかかるかもしれませんが、そういった対人経験が、ＥＱとなってあらわれてくるのです。

ＥＱは高いがＩＱは低い人（同、左上の「いいヤツ」ゾーン）は、「優秀」ゾーンについで一流ホワイト企業から内定を取りやすいといえます。まずＳＰＩのトレーニングをしましょう。そして、志望業界・企業の軸を明確化するなど、志望動機においても論理的に考えることです。そうすれば、大手企業、一流企業に内定するのは、それほど難しくありません。

ＩＱもＥＱも低い人（同、左下の「モブ」ゾーン。「モブ（mob）」は英語で「群集」の意）は、いきなり大手ばかり受けても失敗しがちです。何も対策をしなければ、肉体労働系の仕事か、いわゆるブラック企業にしか決まらない可能性が高くなってしまいます。まずは応募倍率の低い企業を受け、内定を得てから大手企業を受けるという作戦を取りましょう。また、ＩＱとＥＱならば、まずつけるべきはＥＱです。新規開拓の飛び込み営業をするインターンや、コールセンターのバイトなどから始めてください。

このように、ＩＱとＥＱは「どちらか一方さえあればいい」というものではありません。大切なのは、**バランスよく両方の能力を持っていること**で、一流企業はまさにこの２つの能力の掛け合わせを見ています。実際、ＩＱ重視と見られがちな外資系コンサルティング会社や外資系金融機関でも、ＩＱとＥＱの兼ね合いをかなり重視しています（ただし、エンジニア採用などの技術職では、ＩＱの比重がかなり大きいようです）。

逆もまたしかりで、「人当たりがいい人」はその人間力を発揮する前のテストで落とされてしまったり、面接の質問に的確に答えられなかったりして、先へ進めません。

ＩＱもＥＱも、一朝一夕に上げられるものではありません。もしお子さんがまだ大学３年生になっていないなら、今すぐレベルアップをさせて、就活時までに伸ばしておきましょう。

一流ホワイト企業が、学生の就活力を見るポイント

最後に、就活を滞りなく進めるために必須の「就活力」について言及しておきます。一流ホワイト企業に内定するには、最低でも以下に掲げるような就活力の評価項目を着実に

クリアしていかなければなりません。

・情報収集力が高い
・スケジュール管理ができる
・エントリーシート（ＥＳ）の完成度が高い
・業界・企業研究に基づいた面接の定型質問への回答精度が高い
・人としてのあり方・人格がよい
・ブランドを背負う気概がある

これらを補う要素として、「親のコネがある」ということもここには挙げておきます。コネも立派な就活力です。

いくらＩＱとＥＱが高くても、これらの項目をクリアできないと一流ホワイト企業からは門前払い。試験も受けられないなどということになりかねませんので、注意してください。

内定までの道のりと、７つの必須能力

次に、就活のざっくりとしたスケジュールと、その中で一流ホワイト企業に内定するために重要となる７つのポイントについてお話しします。

昨今の就活は、だいたい１２９ページの表のように進みます。

２０２４年の卒業生に関しては、インターン参加時の評価を選考の際に活用していいという政府の方針が公表されたため、インターンを活用した早期選考が進むといわれています。

２０２３年の卒業生の就活では、６割弱の就活生がインターンを通じて３年生の３月から４年生の４月に内々定（内定）を獲得しており、４割の就活生が一般的なスケジュール

就活のスケジュール

３年	6〜7月	夏季インターンシップ受付開始・選考
	8〜9月	夏季インターンシップ開催
	10月	冬季インターンシップ受付開始・外資系や人気ベンチャーは本選考開始
	11〜12月	冬季インターンシップ（年内ターム）開催、早期選考実施
	1〜2月	冬季インターンシップ（新年ターム）開催、早期選考実施
	3月	本選考プレエントリースタート。３月下旬に本選考ES提出締め切り（各社相違）。これまでにインターンに参加した人は水面下で４割ほど早期選考、内々定
４年	4月	選考開始。一部の学生に最終面接を行ない、第一次内定群が出始める。企業によっては第二次募集開始
	5月	多くの企業が最終面接を行ない、内定が出る
	6月	経団連（日本経済団体連合会）加盟の大企業が最終面接を行ない、内定が出る
	7月	留学生向けの夏採用開始
	8月	大手一般企業の採用がほとんど終了
	9月	秋選考開始（中小・ベンチャー企業中心）

で企業から内々定を獲得していました。
こう見ていくと、企業がどんどん早期に採用を進めていることがわかります。
できるだけ早めの準備・インターンをしたほうがよいでしょう。

この就活の流れに従って準備をしておくことは、おもに次の7つです。

①スケジュール管理（就活力）
②自己分析（就活力）
③業界・企業研究（就活力）
④社会人に通用する文章能力（ＩＱ）
⑤筆記試験（ＩＱ）
⑥身だしなみ（ＥＱ）
⑦マナー（ＥＱ）

それぞれの項目を見ていきましょう。

1 スケジュール管理〜内定のチャンスを逃さないために〜

まず、就活を通じて必要な能力が、スケジュール管理――要するに**「だらしなくないかどうか」**です。

就活は、少なくても5社、多い人だと50社受ける学生もいる、息の長い取り組みです。どの企業の説明会がいつあって、ＥＳの締め切りがいつで、座談会がいつで……と複雑に予定が絡み合っていますが、**「一流ホワイト企業」から内定を得られる就活生はそのスケジュール管理がしっかりできています。**

そもそものスケジュール管理能力は、**定期試験に真面目に取り組んできた人ほど高い傾向**にあります。試験の1カ月前から勉強の計画を立てて、着実にやってきた、という人ですね。そこで培った計画性は、社会人として業務をするうえでも役に立つというわけです。

また、社会人になってからは、企業の規模が大きくなるほどどこの手のミスの悪影響が広範囲に及ぶことになりがちです。とくに**お子さんが大企業に就職したいという場合には、これを機に身につけさせてあげましょう。**

普段からずぼらなお子さん、親元を離れて暮らしているお子さん、要領が悪いお子さん、遅刻が多いお子さん、一度に二つ以上のことをするのが苦手なお子さんはスケジュール管理が苦手な傾向にあります。面接当日の寝坊や、ＥＳの提出期限を忘れて「気づいたら選考が終わっていた」ということ、急な予定変更やドタキャン、無断キャンセルが多いのです。ご自身のお子さんに該当する場合にはとくに注意してください。

オススメのスケジュール管理法

スケジュール管理は、それぞれに合った方法で行なうことが大切ですが、ご参考までに、私が「うまいなあ」と思った学生のスケジュール管理法をご紹介します。

①選考日程把握型

このタイプ（１３５ページ）は、すべての企業、選考状況を一覧表にして、一目で把握できるようにしています。縦軸に会社名、横軸に時期、表の末尾にはＩＤやパスワードもまとめてあるため、非常に有用性が高いですね。

ポイントは、横軸の時期を1週間単位にしていることでしょう。前述の通り就活は、1年以上の長期にわたる取り組みです。細かく日付を振った表にしてしまうと、横列が膨大になり、把握しにくくなってしまいます。その点この表は、1カ月を多くても5列でカバーでき、より利便性が高いといえます。

細かく見れば、ＩＤとパスワードの管理（セキュリティ）が甘いともいえますが、忘れてしまうリスクを思えば、一覧表にしておくのも悪くはないでしょう。

②多業界志望型

志望業界が複数にわたる場合は、業界ごとにスケジュール表を分けておくと便利です。たとえば136ページの表では、「試薬」の業界は、ＥＳは通過したものの、一次選考か二次選考でほぼ落ちてしまっていることがわかります。もし「試薬」業界への志望度が高いなら、ここをターゲットにトレーニングをする必要がある、となるわけです。この表をもとに、現状についてお子さんと話し合ってみてもいいでしょう。

また、「一次選考を通過したのは○社」と、選考の進み具合を大まかに把握できるのも、この方法のメリットです。

一方で、このタイプの表は時間軸がはっきりしないので、企業の数が増えるほどに、表を見落として選考を逃すリスクもあるといえます。スケジュール管理力がとくに低いお子さんは避けたほうがいいかもしれません。

③選考内容一覧型

最後に、選考内容まですぐわかるように工夫されたスケジュール管理法を紹介します（137ページ）。企業によっては、選考時に職種を限定している場合も多くあります。そのため、内容まできちんと書くことで、「あ、今日は○○をやるインターンだ」などの理解が進むでしょう。加えて、この表は開催場所やマイページ登録についても記載されているので進捗を把握しやすくなっていますね。

このタイプは、記録の意味合いも強いため、あとで振り返ったときにも役に立ちます。しかし、表の入力そのものは、①②の方法よりも手間がかかるため、マメなお子さんでないとこの表をつくることそのものを面倒くさく感じ、表を活用しなくなってしまうかもしれません。とにかく手厚いサポートをしたい、という場合は、親御さん自身がお子さんに聞き書きしてもいいかもしれません。

スケジュール管理方法の例　①選考日程把握型

日程／企業名	6月	7月					8月				現状	追加情報	
	25日	2日	9日	16日	23日	30日	6日	13日	20日	27日		ID	password
M社	28日:ES提出						①8月7日(火)～8月11日(土)	②8月14日(火)～8月18日(土)	③8月21日(火)～8月25日(土)	④8月28日(火)～9月1日(土)	○○○○○	○○○○○	×××××
U社			9日10:00:ES提出						8月20日(月)～8月22日(水)	8月28日(火)～8月30日(木)		○○○○○	×××××
F社											○○○○○	○○○○○	×××××
S社					27日 15:00:ES提出 15:30:適性検査					8月27日(月)～8月29日(水)		○○○○○	×××××
T社		2日 17:00:ES提出 19:00:Webテスト						8月13日(月)～8月17日(金)				○○○○○	×××××
O社				20日:適性検査								○○○○○	×××××

スケジュール管理方法の例　②多業界志望型

製薬	職種	ES	一次選考	二次選考	三次選考（最終）
C社	MR	提出済み			
K社	MR	辞退			
M社	MR	提出済み	辞退		
O社	MR	提出済み	辞退		
N社	MR	通過	辞退		
M社	開発	提出済み			
I社	評価	提出済み			

医療機器	職種	ES	一次選考	二次選考	三次選考（最終）
T社	技術開発	通過	合格	合格	落
K社	研究開発	通過	合格	合格	内定
A社	研究開発	通過	落		
P社	研究開発	提出済み	落		
N社	技術開発	通過	落		

化粧品	職種	ES	一次選考	二次選考	三次選考（最終）
P社	研究開発	通過	落		
M社	研究開発	提出済み	落		
N社	開発	通過	合格	合格	内定
B社	研究開発	通過	落		

試薬	職種	ES	一次選考	二次選考	三次選考（最終）
T社	研究開発	通過	5月10日		
K社	研究開発	通過	通過	落	
S社	研究開発	通過	通過	落	
E社	研究開発	通過	落		

スケジュール管理方法の例　③選考内容一覧型

	会社名	OpenWork	業種	職種	インターン		企業説明会/座談会		OB訪問	マイページ
					概要	選考状況	内容	日付		
1	N社	4.65	SI(メーカー系)	ITスペシャリスト、製品開発エンジニア						○
2	T社	3.85	SI	ITエンジニア	ITエンジニア体験プログラム	確定				○
3	E社	3.62	SI(ユーザー系)	システムエンジニア			採用セミナー、会社説明、社員プレゼン、筆記試験	1/26(土) 13:00~15:30		○
4	C社	3.48	SI(独立系)	エンジニア			会社説明会	1/6(日) 10:00~12:30		○
5	K社	3.48	SI(独立系)	エンジニア			座談会(社内ツアー)	1/17(木) 17:30~19:30		
6	B社	3.39	SI(独立系)	エンジニア	育成インターンシップ		会社説明、適性検査	1/9(水) 14:00~16:00		○
7	E社	3.38	通信	エンジニア(ソフトウェア、ネットワーク)	ソフトウェア開発体験	確定	会社説明会	1/15(火) 9:30~12:00	○	
8	D社	3.31	通信	商品/サービス開発、技術開発	実課題解決型ワークショップ	確定				○
9	Y社	3.29	SI	SE						
10	N社	3.27	SI(メーカー系)	技術職			社員座談会	1/18(金) 10:00~12:00		○
11	N社	3.23	SI(メーカー系)	技術職						○
12	Y社	3.22	通信	エンジニア(ネットワーク、ソフトウェア)	社会インフラ体験プログラム	抽選中	会社説明、座談会ワークショップ	1/18(金) 14:00~16:30		○
13	A社	3.2	システム開発	エンジニア			会社説明会	1/9(水) 16:30~18:30		
14	H社	3.18	SI(メーカー系)	SE						
15	I社	3.18	ソフトウェア	エンジニア(組込)	組込ソフトウェア体験ワーク	確定				

スケジュール管理の一番のポイント

スケジュール管理のポイントは、とにかく、**「たくさんの企業を受けても、抜け漏れが生じないようにすること」**です。選考を通る実力があるのに、その選考そのものを逃してしまったら元も子もありません。

これは当スクールでの指導の中で感じていることですが、**スケジュール表を1人でつくっている学生よりも、親子で共有している学生のほうが、抜け漏れが少ない**ようです。毎日のように、

「明後日締め切りの××社のＥＳはやったの？」

「５日後の試験の準備はしているの？」

などと細かく管理する必要はありませんが、お子さんのつくるスケジュール表を親御さんも見て、なんとなくでも締め切りを把握していることが、お子さんのお尻を叩くことになるのかもしれません。**就活塾に通っていないお子さんは、スケジュール管理がずぼらだと、それに気づいてくれる大人は親御さんしかいないことになります**から、この点についての親御さんの役割は大きくなると思います。

2 自己分析
〜どの業界・企業が合っているかを見極める〜

次に、「自己分析」を見ていきます。

この「自己分析」は、志望業界や企業を選ぶうえでも、ＥＳや面接で的確な回答をするためにも非常に重要なものであるにもかかわらず、その本質をつかむのが難しいものです。

実際、就活を終えた学生へのアンケートで、**「もっとこれをやっておけばよかった」ともっとも多くの人が挙げるのが、この「自己分析」**です。

自己分析は、その名の通り「自己を分析すること」です。現状の自分のレベル、強み、弱み、考え方の傾向、希望や将来像……そういったものをすべて洗い出し、

「自分は○○なので、この業界を志望する」

「この会社では、私の○○の部分を生かしていける」

などと考えるための大切な材料となります。

自己分析がしっかりできていないと、面接の場で、

「君は自己分析ができていないね」

「君は軸がないね」

「結局、君はどういう人なの？」

などと面接官につっこまれることになります。あるいは、直接は言われなくても、一向に深まっていかない浅い会話のやり取りに終始することになり、次の選考へは進めません。

そうやって面接でのうまくいかない経験を通して、自己分析の甘さを痛感することとなるのです。

・自分の進路を決めるための「自己分析」

的確に自己分析ができると、**お子さん自身の熱の入ること、長く打ち込めることが見出せます。**社会人として活躍するために、この「長く続けること」が何よりも大事だというのは、仕事の先輩である親御さんならおわかりでしょう。

1年目よりは3年目、3年目よりは10年目の人のほうがやはり熟練度が高く、会社とし

ても重宝することが多いものです。とはいえ、長く続くかどうかはやってみないとわからないところもありますので、まずは「熱が入ること」に注目するといいでしょう。お子さんは何をやりたいのか、どんなことに熱が入りやすいのかを知ることが、自己分析――ひいては就活の入り口です。

ただし、ただ「やりたい」というだけでは仕事にはなりません。やはり、**他人から選ばれたり求められたりするためには、「長所を生かす」ことが必要**です。

この「長所を生か」して進路を考えるためには、親御さんだからできる助言がたくさんあります。20年以上、お子さんを見ていれば、

「あなたはこんな性格だから、こういう仕事が向いているんじゃないの」

「あなたはここがいいところだから、営業職ならすごく活躍できるかもね」

など、言ってあげられることがあるでしょう。声がけなんて小さいことと思うかもしれませんが、こんな声がけが子どものキャリアに大きく影響していくのです。

なお、この「自己分析」の精度は、学歴や成績のよさとはあまり関係がなく、多くの人が悩むポイントです。むしろ、**学校の成績がよいお子さんほど、なんでもそれなりにでき**

てしまうので、自己分析には苦戦する傾向にあります。

勉強がある程度できて、成績が可もなく不可もなく。突出した科目もないが、飛び抜けて成績の悪いものもなければ、大学も絞りづらいですよね。それと同じです。

こんなお子さんに対しては、ぜひ親御さんが積極的に、強みや性格を助言してあげてください。

・選考を突破するための「自己分析」

選考を突破するためには、自己分析に基づく進路決定の理由をお子さんが自分の言葉で表現することが必須です。これにはトレーニングが第一。

お子さんが自己アピールをするのが苦手なようでしたら、親御さんはぜひ、お子さんの面接の練習相手になってあげてください。それで、**「親御さん自身が、客観的に、お子さんがその会社に入りたい理由を納得できるか」**を確かめるのです。

そのためには、お子さん自身のアピールだけでなく、そのお子さんの強みが、その会社のどこにマッチするのか、といった情報が必要になるでしょう（業界研究・企業研究については１５１ページへ）。この考え方は、実際の面接と同じです。

面接にはある程度の慣れも必要で、それは実際に挑戦してみるしかありません。まずは親御さん相手にきちんと話せるようになることが最初の一歩。面接突破のトレーニングとして効果的です。

このように**2つの目的を見据えて「自己分析」ができれば、お子さんは就活に戦略を持って挑戦できるようになります。そして、自分の強みと弱みを理解したうえで、もっとも強みが生かせ、もっとも入社確率が高く、もっとも長期で活躍し稼げるキャリアを選択できるでしょう。**

もちろん、この自己分析や就活の準備を始めるのに、早すぎることはありません。就活時期に限らず、なるべく早い段階で行なっておくことをオススメします。

本当に必要な「自己分析」とは？

では、どうすれば正しい自己分析ができるのでしょうか？

そして企業は「自己分析」という言葉に、何を求めているのでしょうか？

まず、自己分析でもっとも大切なことは、**お子さんのプロファイル（大学、学部、性格、実績、適性など）と、志望業界や志望企業とに一貫性を持たせる**ことです。言い換えれば、お子さんの話を聞いた面接官が、

「ああ、あなたはこういう人だから、うちを志望しているのね」

という演繹《えんえき》的な思考で納得できるか、ということです。

この志望業界や企業とプロファイルに一貫性を持たせるのは、親御さんが想像する以上に難しいものです。まず、十分な自己分析のできていない学生さんは、「自分はこういう人だ」という的確な説明ができません。そのため、就活への取り組みもちぐはぐになります。たとえば、

「先輩のＡさんが経済学部から銀行に入った。親戚のＢ君は法学部から銀行に入った。先輩のＣさんは商学部から銀行に入った。よって自分は文学部だが、自分も銀行に受かると思ったので銀行を受ける」

という具合です。このように志望先を決めてしまうから、いざ面接になると、

「君は自己分析ができていないね。他人の進路から自分の進路を考えているみたいだけど、君は将来、どうしたいの？」

と言われてしまうわけです。もちろん、こんなやり取りで面接を乗り切れるはずがあり

ません。

とくに、お子さんの就活に次の特徴が見られたら、自己分析の仕方を見直したほうがいいでしょう。

・就活に大きな戦略がなく、手あたり次第に企業を受ける
・有名な会社、ブランドのある会社ばかりを受ける
・やりたいことや志望業界がころころ変わる

こういった、戦略なくただひたすら新しいチャンスや企業に飛びついていく学生を、私は「チャンス追求型」「ブランド症候群」と呼んでいます。このタイプの学生は、**自分の得意分野か否かにかかわらず、つねに競争の激しいところで戦わなければならなくなります。**当然、多くの選考では思い通りに進めることができず、結果として就活そのものがつらく厳しいものになってしまうのです。

もしお子さんの志望企業が、前述のケースに当てはまっている場合には、もう一度初心に戻って、自己分析をし直したほうがいいでしょう。

自己分析の具体例

ここで、自己分析のイメージをつかんでいただくために、ビジネスオーナーや富裕層を相手にする金融機関に内定したWさんの志望動機を掲載しておきます。

「貴行を志望したのは、金融を通じて、資金面で課題を抱える中小企業を支援したいと考えたためです。私の祖父はかつて大手メーカーの下請け工場を経営していましたが、下請け依存体質から脱却する際に、新しい設備を導入するための資金繰りに苦しんだ時期がありました。祖父が工場の運営について頭を悩ませている姿を見てきたために、資金面での課題を抱える企業を支えていける仕事をしたいと考えるようになりました。

貴行は、融資による資金調達のほかにも、ビジネスマッチングや、事業再生ファイナンスなどの高度で専門的な金融ノウハウの活用、地域の金融機関との協働による幅広い提案が可能であるとうかがっています。中小企業の抱える様々な経営課題に対して多様なアプローチが可能な貴行のもとであれば、企業の抱える課題やニーズに対し最適な提案を行なうことで、資金面で問題を抱える祖父の工場のような中小企業の課題をより適切に解決できると考え、志望させていただきました」

いかがでしょうか？　Wさんがこの金融機関を志望した理由が祖父の存在から説明されており、一貫していると思いませんか。お子さんの志望動機も、このくらいのレベルまでは高めていただきたいものです。

なお、Wさんは、入社後に会社でやりたいことを問われたときには、このように話したそうです。

「事業法人営業と金融法人営業を経験したのちに、事業再生ビジネスに挑戦したいと考えています。祖父のような、日本経済の根幹を担う中小企業の課題解決と成長支援をするにあたり、事業再生ビジネスがもっともチャレンジングであると考えたためです。

私はこれらの業務に対して、奨学金の獲得を目指した経験やサークル活動を通じて培った『計画性』と『継続力』を生かして取り組みたいと考えています。効率よく、より多くの営業先に足を運べるような計画を立てたうえで継続的にアプローチを行なうことにより、企業の課題を正確に把握し、最適な提案を行なうことができると考えています。

そのためにも、お客様の課題に対して誠実に向き合い、提案の引き出しを増やすための自己研鑽《けんさん》を怠らず、自分一人では解決できない課題に対しては周囲の人と協力して対応することで、お客様にとってベストな解決策を提案し続けることができる人間でありたいと考えています」

的確な自己分析をもとに就活をしていけば、自他ともに納得感のあるキャリアになります。早期に離職してキャリアに傷がつくこともないでしょう。

こうすれば、誰でも「自己分析」ができる

お子さんのプロファイルと志望先に一貫性を持たせるため——つまり、自己分析に基づいて志望先を選ぶためには、

①**学部**と関連させる
②**原体験**と関連させる
③**親の職業**と関連させる
④**大切な人に提供したい価値**と関連させる

⑤**強み**と関連させる

という5つのパターンで考えるといいでしょう。

①に関してはわかりやすいと思います。「工学部だからエンジニア」「大学時代にジェットエンジンの研究をしていたから、航空業界を志望する」というようなことです。この場合、「なぜ工学部を選んだのか」「なぜジェットエンジンの研究を始めたのか」も問われる可能性が高いので、自己分析ではそこまで掘り下げておきましょう。

②は、お子さんの人格形成に大きな影響を与えた出来事を生かして決める方法です。「大学のときに祖父を癌で亡くしてから医療の道に行きたいと考えて製薬会社・医療機器メーカーを選んだ」といった具合です。

③は、「父親が銀行員で小さい頃から憧れだったので銀行員」「親が自動車関連業界で、小さい頃から自動車部品に興味があったので○○精機を志望する」などです。「どんなところに憧れたのか」「なぜ興味を持ったのか」を深めておきましょう。

④に関しては、「両親の帰りが遅いことから、働き方改革やＤＸに貢献したいと考え、ＳＩｅｒを志望する」という具合です。

⑤は、「コツコツと作業をするのが得意だからサービスエンジニア」といった具合です。

理系で専門がはっきりしている場合は①がもっとも説得力を持ちますが、理系でも専門とつながらない業界を志望する場合や文系の場合は②〜⑤から考えたほうがいいでしょう。

なお、多くの学生が初めて出会う「自己分析」をサポートするためか、多くの就活サイトでは、オンラインでできる自己分析ツールを提供しています。問いに答えていくと、自分のタイプがわかる、というような、ある種の心理テストのようなシステムです。統計学に基づいたものであればこの方法はたしかに一理あるのですが、この方法では、「なぜ自分がそのタイプなのか」という実感が伴いません。

「自己分析ツールを使ったから安心」とは考えず、お子さんが、ご自身に合ったキャリアを歩み始めるための相談相手・トレーニング相手になってあげてください。自己分析に関しては、**どんな就活スクールの先生よりも、親御さんこそがもっとも的確なアドバイスをお子さんにしてあげられる**はずです。

3 業界研究・企業研究 ～その業界・企業がどんなところかを知る～

次のポイントが、「業界研究・企業研究」――自分が志望する企業や業界について知る、ということです。**業界研究と企業研究は表裏一体**のもので、企業を知ることを通して業界を知ることにもなりますし、業界を知ることで新たな企業を発見することにもなるでしょう。

このように「業界研究・企業研究」は重要なものですが、**社会に出たことのない就活生がもっとも苦手とするところ**でもあります。親御さんも、ご自身の勤めている業界のことはわかっても、他の業界のことはわからないことが多いと思います。お子さんが違う業界を志望されれば、親御さんも相談に乗りづらい、というのも、この「業界研究・企業研究」の難しいところです。

実際、当スクールには、業界や企業についての親御さんからの相談が多く寄せられています。

「娘が急にＩＴ業界を受けると言い出しました。これまで理系で化学系の大学院に行かせたのに、なぜいきなりＩＴなのでしょうか？　そもそもＩＴにはブラックな会社が多いって聞きますが、大丈夫なんですか？」

「息子がしきりにコンサルに行きたいって言うんだけど、コンサル会社ってそもそも何をやっているのかしら？」

といった具合です。

業界研究や企業研究がしっかりできていない場合、学生は「イメージ」だけで面接の受け答えをすることになります。たとえば「ベネッセコーポレーション」を受けたとすると、

「教育の会社」というイメージが強いので、

「今の日本の教育制度には多数の問題があり、教育を変えたいので、御社を志望します！」

という発言をすることになるでしょう。面接官としては、

「では、教員になるか、文部科学省に勤めたほうがいいのでは」

「それ、うちの会社じゃなくてもできるんじゃないの？」

「君のやりたいことはうちの会社ではできないと思うよ」
と返しておしまい、というわけです。**自社や業界をろくに知らず応募してきた学生は、言うまでもなく採用の対象外**です。

「教育業界」というくくりの中にも、ベネッセなどの補助教材を扱っている会社、東京書籍などの教材をつくっている会社、コクヨなどの机やノートなどをつくっている会社など、様々な会社があります。

その中で**どこを選べば、お子さんの強みを生かせたり、やりがいを感じられたりするのかを考えるのが、業界研究**なのです（ちなみに、ベネッセは教育業界の企業ですが、学校教育と関わる事業はごく一部です。そんなことからも、業界・企業研究が不可欠であることがわかるでしょう）。

業界研究・企業研究3つのポイント

業界研究・企業研究のポイントは、次の3点です。

①企業研究ではビジネスモデルと、職種ごとの業務内容や提供価値を考える
②業界研究では競合他社の情報も同じように集めて、比較できるようにまとめておく
③集めた情報から、なぜ自分がその業界・企業で働きたいのかを自分の言葉で言えるようにする

就活においては、**業界研究も企業研究も、情報を集めて自らの志望動機に落とし込むことが目的**です。「なぜこの業界を選ぶのか」「なぜ他社ではなく当社なのか」を伝えられなければいけません。業界研究で競合他社を知り、競合他社ではなくその会社を選ぶ理由を表明できるようにして初めて、適切な業界研究・企業研究ができたといえるのです。この表明は学生にとって難しいものなので、的確に話すことができると、**ESや面接の通過率が上がる**でしょう。

また、企業研究には、**その企業が求めている人材を知る**ということも含まれます。企業の採用方針に合わなければ、内定までたどり着くことができないからです。

ここで大切なのは、**企業によって求める人材が違う**ことです。115〜119ページで紹介したように、100社あれば100通りの求める人材像があります。**企業が考える「優**

秀さ」とお子さんの考える「優秀さ」とでは、求めるものが違う可能性があるわけです。

企業側はそれをよく知っていますから、「その学生が、自社の求める人材像に合っているか」を選考では入念にチェックすることになります。

しかし、ここで一つ問題があります。それは、「求める人材」像は多くの場合、具体的に提示されないということです。なぜなら、「求める人材」像を「〇〇の活動経験がある」「〇〇の資格を持っている」などと明示してしまうと、すべての就活生がその人材であることをアピールして、企業側が合否を判断できなくなってしまうからです。そのため、志望する企業がどんな人材を求めているのかは、集めた情報をもとに自分で考察するしかありません。

さて、それでは情報収集の方法ですが、それには、

・インターネットで調べる（各企業のサイトやOpenWork）
・『就職四季報』で調べる
・企業説明会に行く
・商品やサービスを使ってみる
・OB・OG訪問をする

・インターンに行く
　が有効です。

基本的な情報は、ＨＰで募集要項や募集職種を見て、どのような能力が必要なのかの仮説を立てたうえで企業説明会に行けば事足ります。社員でないと聞けない内部情報を知りたければＯＢ・ＯＧ訪問がいいでしょう。企業説明会やＯＢ・ＯＧ訪問は、自分で立てた仮説の検証として活用するのがオススメです。

なお、ＯＢ・ＯＧ訪問や面接に行く際には、その企業が**新開発した技術などの最新ニュースはおさえておく**ようにしましょう。今の時代、インターネットで社名を検索すれば、大きなニュースならばすぐに知ることができます。

企業研究の実例

ここでは、企業研究の参考例として、架空のＩＴ企業を比べてみます。前述の方法で企業の情報を集めたら、１５８～１５９ページのように表に落とし込んでみましょう。

このように一覧にしてみれば、それぞれの企業の特徴を比較することができ、企業研究がそのまま業界研究にもつながります。不動産業界なら代表的な建物名や場所を加えるなど、工夫して表にしてみましょう。

この表から**「志望企業が有する、他社との違い」を明確にし、自己分析で編み出したエピソードと組み合わせることで、志望動機をつくる**のです。すると、「なぜその会社を志望しているのか」という説得力が格段に上がります。

なお、業界研究や企業研究は、ただ書き出すだけでは意味がありません。実際の面接で活用するためには、事前に面接の練習をしておきましょう。

多くの学生は面接に不慣れで、緊張します。そのような場でも企業研究を生かした自己主張ができるように、たとえば「志望企業・業界のニュース3つをもとに、自分の意見を言う練習」「志望企業の製品・サービス3つをもとに、自分の意見を言う練習」をしておくのです。そうやって準備しておくことで、面接の緊張感もいくらかは和《やわ》らげることができるはずです。

展望	AIを活用した予測系システム サブスクリプションビジネスが日本に根付くかどうか	膨大なビッグデータを活用した新たなビジネスの創造 海外への事業拡大	競合他社に対して優位性を高く受注することができるため、総合ファームとしての今後は安泰 大規模なSI案件の増加に伴い、収益は上がるが品質は落ちる
年収 （新卒） （技術職）	◇420~650万円（基本給：360万円、残業代、賞与） みなし残業制 完全実力主義（評価制度や給与算定ロジックが曖昧）		
企業文化		自身の成長は自身でリードせよ ⇒仕事の進め方を社員一人ひとりに任せるスタイル ミッション実現に意欲的な社風 ⇒ある程度の“自走力”と適切な“判断力”が必要	お客様に対するコミットの姿勢が強い（一方で商売的な意味合いも強く、時々がっかり） 官僚的な側面（外資系コンサルではよくある） 成果が求められる文化（アップorアウト）
組織体制	所属する部署の仕事をこなせば基本はうまく回る 自部署の仕事を超えた動きは取りづらく、幅は広げづらい	変化が多いため、固定された仕組みが整っていない	少人数のチームで顧客先に常駐し、要望に沿う提案や行動をとる
WLB（ワーク・ライフ・バランス）	クラウドサービスで24時間どこでも働ける環境が整備されており、自分でコントロールできないとバランスが崩れる	調整しやすい（やることができていればいい、自己管理） 無茶な残業文化や飲み会は一切ない 残業する人間を評価する風土や文化はない 有給は取得しやすい	目的意識をはっきりさせないと、新卒3年目以降の残業に意味を見出せない プロジェクトと上司の調整次第 有給は完全消化が全社意向 安定的にワークライフバランスをとるのは難しい
社員からの提言	数字を上げることは大事だが、会社や社員をどう育てていきたいのかをビジョンとして明確化するべき 高くても利用したいと思えるサービスにする努力の継続		特定人物に偏った知識やスキルの他社員への平準化 社員教育もしくは適切なアサインの検討 プレゼンのやり方をパッケージにして企業研修として収益化
最近のニュース		テレビCM（俳優Mが出演）	昨年度、ベトナム、タイに支社を拡張

企業研究の例

	A社	B社	C社
概要	世界最大級のクラウド型CRMベンダー企業	クラウドITサービス企業	外資系ITコンサルティング企業
OpenWork	4.25	4.08	3.97
企業理念（ミッション）・提供する価値	社会の永続的な発展とお客様の成功につながる革新的なサービスを提供する	ビジネスの出会いの形を変え、働き方を革新する	業界や業務プロセスについての専門知識と技術力を背景に、お客様が最高のレベルでビジネスを展開できるよう支援する
事業内容	クラウドアプリケーション・プラットフォームの開発	名刺管理クラウドサービス	デジタルテクノロジー システムコンサルティング IT戦略オペレーション
おもな顧客	D社、E社などの、大企業	規模を問わず、企業まるごとの導入がほとんど 個人の利用も可	H社、I社など 国内外の大企業
競合	AA社	X社	J社、K社
代表製品	クラウドアプリW、XX、Z	名刺クラウドサービスB	
売上の流れ	顧客である企業から。1件当たりいくら、という形	顧客（企業・個人とも）から月額払い	顧客である企業からプロジェクト単位の支払い
存在意義（強み）	SaaS分野での圧倒的なポジション	付加価値の高いプロダクト 意思決定のスピード AIの専門家集団（研究開発部隊）が一級	ミッションドリブン 若手が成長しやすい 会社規模とブランド力 戦略から保守運用まで領域が幅広い
弱み	研修制度が少ない テクノロジー音痴が多い 製品の種類が多すぎる	トップダウン 目標管理の厳しさ グローバル展開	個人のブランディングができない（副業も禁止） 人が定着しない 専門性やコアサービスを持っていない
創業と歩み	××年設立。今の社長は3代目 △△年、クラウドアプリWをリリースし、黒字に。その後順調に事業を拡大	○○年設立。設立5年後に、今の中核となるビジネスを始める	○○年、ニューヨークにて設立。××年、日本進出 2005年が最高益
事業所所在地・勤務地	東京本社（浜松町）	東京本社（代々木）	東京が中心だが、顧客先に直接勤務することも。ニューヨークやロンドンなど海外転勤あり

軽視していませんか？　メリットだらけの「業界・企業研究」

企業研究・業界研究をしっかりと行なうと、学生の多くは、**その前後で志望動機の内容が変わります。**

たとえば、当スクールに通って大手食品メーカーの内定を得たKさんは、業界研究の結果、志望動機の説明の仕方を変えました。もともとは、食品メーカーを志望する多くの学生と同様に「食品を開発したい」を動機として挙げていました。

しかしKさんは、業界研究を通して、多くの食品メーカーのおもな業務は食品をつくってそれを卸《おろ》すことであり、その人員の多くがスーパーや飲食店への営業に割かれていることを知りました。食品開発は、営業を経て現場を知った人間が回ることが多いようでした。

そこでKさんは、アピールする志望動機を「食品を届けたい」「食文化を広げたい」という方向に切り替え、内定を獲得することができた、というわけです。

なお、業界研究の**「それまで見落としていた魅力的な一流ホワイト企業を見つけられる」**という成果も、無視できないメリットです。消費者である私たちはつい、**業界内の「目立**

つ企業」だけを追ってしまいますが、有名でなくてもその業界内で大きな影響力を持つ企業は多くあります。その事実に、業界研究は気づかせてくれるのです。

そうして見つけた企業の中には、社会的な意義や規模の割にあまり有名ではなく、応募倍率も比較的低いところも多くあります。選考通過率向上と、お子さんのモチベーションアップという意味でもメリットがありますので、注目してみてください。

オススメの企業研究・業界研究法

志望度がそこまで高くなかったり、あるいは一次選考などの段階であったりするならば、すべての企業に１５８～１５９ページのような詳細な表をつくるのは難しいでしょう。そこで、本項目の最後に、２つの業界研究・企業研究の方法をご紹介しておきます。

１つめは、先ほどのような詳細な表ではなく、

・事業の強み・特徴
・顧客は誰か

- 提供している価値は何か（企業理念）
- なぜその会社が存在するのか（存在意義）
- 競合はどんな会社か
- いつ創業してどのような歩みを経てきたのか
- どのようにして製品・サービスをつくり、届けているか
- お金はどのように入ってくるか
- 具体的な商品名
- 最近のニュース

という点に絞って一覧表にする方法です。

そして、企業ごとの一覧表をいくつかつくったところで、同業他社同士を並べて比較してみてください。さらに親御さんとしては、お子さんの職業観との適合性や、その会社でお子さんがどんな仕事をできそうか、という点も表に加えておくといいでしょう。

このような表は、親子で埋めてみると、企業や業界に関する新しい発見が得られるほか、**親子コミュニケーションの一環としても充実した時間を過ごせる**でしょう。

親子で下記の表を埋めて、企業研究をしてみよう

	A社	B社	C社	D社
事業の強み・特徴				
顧客				
提供価値（企業理念）				
お子さんの職業観との適合性				
なぜその会社が存在するのか（存在意義）				
競合				
創業と歩み				
製品・サービスのつくり方・届け方				
お子さんの仕事内容				
お金はどのように入ってくるか				
具体的な商品名				
ニュース				

2つめは、いっそプロに任せる方法です。

とくに業界研究に関しては、目指す業界の特徴や構造、現状や動向、市場規模、業界内ランキングをおさえなければなりません。正直なところ、学生さんと親御さんが正攻法でこれらの情報を収集していくのは、かなり骨が折れるものでしょう。また、業界内の縁の下の力持ち的企業に気づくにも、それなりの経験とコツが必要です。

そこで、**業界研究に関しては、刊行されている書籍やウェブなどでの情報収集をメインにしてもいいでしょう。**たった1冊の本やウェブからの情報をそのままうのみにせず、いくつもの情報を見比べて、より信頼できる情報を頭に入れておきましょう。

また、企業研究に関しても、いくら表を簡易化したとはいえ、やはり時間と手間のかかる、面倒くさいものであることは間違いありません。そこで、より時間や手間をかけずに、よりよい情報を得たい場合には、就活スクールや就職エージェントを訪ねてみてはいかがでしょうか。それなりに費用はかかるものの、**学生さんや親御さんが自力でするよりも質の高い資料を提供してくれる**はずです。

面倒くさがって十分な企業研究・業界研究をしないまま面接に臨むくらいなら、「面倒くさい厄介な作業」はプロに代行してもらったほうが、よっぽど合理的だと思います。

コラム

企業人事採用担当者のこぼれ話～ゲーム業界と最終面接～

志望業界によっては、他の業界とは異なる特色を持つところも少なくありません。そこでここでは「ゲーム業界」を例に、特殊といわれる業界がどのような点で特殊で、どのように対策をしたらいいかを考えてみます。

なお、ここでのゲーム業界の話は、8年間ゲーム会社で人事部門のマネジメントを担当され、1000人以上の採用選考を行なってきた、ディミー株式会社の大澤一栄社長にうかがいました。大澤社長は、最終面接（役員面接）への同席、最終的な採用の可否にも関わってこられ、当スクールでも指導していただいています。それでは、大澤社長のお話から、企業がどのように採用を決定しているかについて、見ていくことにしましょう。

「ゲーム業界では、総合職採用は少なく、ほぼ専門職採用（プログラマー、プランナー、ウェブデザイナーなど）が中心ですので、専門職採用を前提として話を進めていきます。

最終面接では、『将来、自社にとって欠かせない人材になる見込み・可能性があるか』という視点が重要です。そこで、まずは企業が目指しているビジョンと応募者が求めてい

るキャリアビジョンとの方向性が合っているかどうかを見ます。そこで質問するのは、

『将来のキャリアビジョンはどのように考えていますか？』

ということですね。私は、採用は『恋愛』と同じだと思っています。もし、付き合うためにお互いの妥協が必要だったり、お互いの方向性が異なっていて将来的に別れることが目に見えているのであれば、一緒になるのはお互いにとってよいとはいえません。そこで、将来のビジョンを聞いておくわけです。

　このような質問をすると、多くの応募者は、

『早く業務を覚えて一人前になりたい』

などと答えます。実際に仕事をしてみないとわからないという理由で、目先の現実的な回答になるんでしょうね。でも、企業としては、『あなたと一緒になったらどんな未来が見えるか』を聞きたいのです。ですから、もっと自分の夢を描いて、

『将来、世界を代表する有名なゲームをつくりたい。そのためには、まずゲーム開発に携わり、経験を積み、自分で企画したゲームをつくることを5年以内の目標にしています』

『●年後には、売れるゲームをつくり出せる優秀なチームをプロデュースしていきたい』

『ゲーム業界で●●と言えば誰でもわかる業界のスペシャリストとしてゲーム開発の最前線で活躍していきたい』

と具体的に答えてほしいですね。

次に、ゲーム会社の最終面接で見ている重要なポイントをお伝えします。判断の最終的な分かれ目は、『今のゲームを超えるゲームをつくっていける人材かどうか』です。

前提として、ゲーム好きで、ゲームで遊んだ経験や、ゲームマニアといえるほどの知識を有しているほうが有利ではあります。しかし、面接で、

『御社のゲームが最高です』

『御社のゲームのファンです』

と言う応募者は、採用される確率は低いと考えたほうがいいと思います。なぜなら、今のゲームに満足し、心酔しているようでは、今以上のゲームをつくり出すことができないと思われてしまうからです。

入社して一緒に働くからには、『今のゲームを超えた新しいゲーム、価値観を生み出してほしい』のです。現状維持は衰退の始まり、既存の枠を超えた新しい遊び方を提案して、ユーザーを『わっ！』と驚かせる。これがゲーム会社で働く魅力のひとつだと考えています。

ゲーム業界は面接の場面でも割とフランクに意見を言える環境ができていることが多い

ので、物怖じせず、
『今のゲームを超えるゲームを将来つくってみせる！』
という気概を持って臨んでいってほしいと思います。

そうはいっても、このようにはっきりと発言するためには、ゲームや業界分析は不可欠です。企業研究では、競合他社の事業の分析も行なって、

・ほかに同じような企業がある中でなぜその会社を志望するのか
・競合他社と比較したその会社の強み・弱みをどう捉えているか
・ゲーム業界は今後どうなっていくと思うか
・将来の事業展開についての自分自身の考え方

をまとめておくといいでしょう。これらの視点は、面接官から質問を求められたときにも有効だと思います。

最後に、ゲーム業界以外の企業も共通して求める人材像についてお話ししておきます。どの業界でもやはり、『素直』で『向上心』がある人材を欲しがっています。もちろん性検査や筆記試験、課題提出などで一定の基礎能力を見るのが前提ですが、これはあく

まで基礎能力。入社後、どのように成長していくかは個人の努力によるところが大きいです。その成長するための要素として重要なのが、『素直さ』『向上心』です。

新卒採用は、中途採用と違って職務経歴という実績がありません。一義的には基礎能力や資質での判断になりますが、採用に携わった者としては、基礎能力が高くても素直でなければ、将来的な成長は見込めない、というのは確かだと思います。ですから、性格的な要素も大きな判断材料でしょうね。もし基礎能力に自信がない場合は、この点をアピールするのもいいのではないでしょうか。

もし、ゲーム会社への就職を考えているのであれば、これらのことを参考にしていただければ幸いです。みなさんの就活、応援しています」

大澤社長は、ゲーム業界の特殊事情としてこのお話をしてくださいましたが、実際には、ゲーム業界以外でも、当てはまる部分の多いお話だと思います。とくに、将来のキャリアビジョンに関しては、しっかりした軸を持っていたほうが、評価もされやすいでしょう。

4 文章能力（ES、作文）～お子さんの魅力を言葉で伝える～

4つめのポイントは、文章能力です。まずは次の2つの学生の作文を見てください。これは、「学生時代に頑張ったことを記入してください」というテーマで書かれたものです。

A「私が学生時代に力を入れたことは、宅建の勉強です。この資格を取ろうと思った理由は、小さな頃から物件の間取りを見たり、家づくりに関わるのが好きだったからです。私は小さい頃から広告に掲載されている建物の見取り図を集め、将来住みたい家を考える趣味がありました。同時にものづくりにも興味があり、レゴやゲームのマインクラフトといった自分の思うような家をつくることが好きでした。高校生になって学問への興味から文系に進んだ際は、家づくりに関わる仕事は理系の人がやるものだと思っていたので、それを仕事にすることは諦めていました。しかし、大学入学後に、宅建という資格を通じて建築や不動産の仕事に関われるということを知り、勉強することを決意しました。当初はサークル活動やアルバイトが忙しかったため、電車の中の隙間時間や帰宅後の深夜の時間を活用し、5カ月間、毎日2時間ほど勉強をしました。残念ながら今年は合格できませんでしたが、この資格勉強を通じて法律と実際の建築物の関連性など、日常生活では絶対に知り得ない知見を得ることができました。来年こそは合格して資格を得、資格取得後は建築・不動産分野の営業職として、一人ひとりのお客様にとって最善の選択を導けるような人間になりたいと考えています」

B「私が宅建の資格を取ろうと思った理由は小さな頃からの影響があったからだと思っています。私は小さい頃は建物の見取り図を集めて将来に住みたい家を考えていました。また、ものづくりにも興味がありレゴやゲームのマインクラフトといった、自分の思うようにつくれる遊びを好む子どもでした。しかし建築という分野は土木といった実際に理系の人がやる仕事だなと思っていたことと自分には仕事として望むことが違うと思っていました。そのように思っていたときに宅建という資格、仕事を知りました。それまではただつくって売るのと土地や建物の売買や貸借りはすべてただ会社がしていると思っていました。しかし一人ひとりのお客様にたってその人にとって最善の選択を導く事ができる営業職で小さい頃から興味があった建築の分野で仕事ができたらとても素晴らしい事だな思い勉強しています。残念ながら今年は合格できませんでしたが来年こそは合格して資格を得たいと思っています」

この2つは同じ学生が書いたものです。1つは学生が書いたそのままの文章、そしてもう1つは添削をしたあとの文章です。どっちがどっちか、わかりますか？

正解は、Aが添削済み、Bが学生の文章です。BよりAが読みやすいことは明らかでしょう。この2つの文章の違いは、**「目線」**です。Bの「書き手（自分）目線」の文章を「読み手（相手）目線」に変えたものがAというわけです。

文章は、**相手からどう受け取られるかがすべて**です。学生時代までは「自分目線」でも許されますが、社会人になるに当たっては、相手を意識したコミュニケーションができるかどうかが問われます。それは文章でも口頭でも同様です。

学生に文章を書かせると、ほとんどの人がBのようなものを書いてきます。これが学生の普通です。「うちの子はもっとまともな文章が書けるだろう」と思った親御さんもいるかもしれませんが、それならば書かせてみてください。きっと、つっこみどころが満載の文章を書くでしょう。それはしかし、当然のことといえます。なぜなら、日本では、**しっかりした作文の授業を受けてきていないことがほとんど**だからです。

ここでは、Bの文章をAにするプロセスを追いながら、就活に必要な文章力について見ていきましょう。

ぜひ、親御さんもお子さんに、志望する会社のESに「学生時代に頑張ったことを記入してください」という質問があった、という状況を設定し、添削をしながら文章力を高めてあげていってください。

①質問に対する答えは合っているか？

第1の添削ポイントは、**「質問にちゃんと答えているか」**です。

今回の課題は、「学生時代に頑張ったことを記入してください」でした。Aはそれに対して、「宅建の勉強です」と答えているのに対し、Bではいきなり「私が宅建の資格を取ろうと思った理由は小さな頃からの影響があったからだと思っています」という書き出しです。この書き出しでは、「聞いていることに答えてください」とつっこみたくなりませんか？

ESや履歴書は、**自分の魅力が相手に伝わるように表現をするところ**です。ポイントは、

「伝える」ではなく「伝わる」です。**相手が何も考えずに読んでも伝わる。そんな文章が理想です。**

しかし昨今、この「伝わる文章」を書けない学生は格段に増えています。理由はシンプルで、「本を読まないから」。そして「スマートフォンばかりをいじっているから」です。ＬＩＮＥなどの吹き出しの会話やゲームばかりしていても、文章を書けるようにはならないというわけです。

②質問意図に気づいているか？

第2のポイントは、企業がなぜ「学生時代に頑張ったこと」「学生時代に力を入れたこと（ガクチカ）」というお題を出すのかを考えているかという点です。**企業はただ学生とコミュニケーションを取りたいわけではありません。**コミュニケーションを通して、

・学生時代にやったことで、自社に入って生かせることは何か（自己ＰＲ）
・どういうことをやってきたから自社を受けているのか（志望動機）

のどちらかを知りたいわけです。今回の例ではまだ宅建に受かっていないので、後者で答えるしかありませんが、Ｂの文章ではそのどちらも伝わりません。

これこそまさに「国語力」ですが、多くの学生はまだ、身につけられていないのです。

③社会人の文章を書けているか？

第3のポイントは、社会人として問題のない文章を書けているか。Bの文章には、社会人の文章としてはおかしいところが散見されます。

とくに1文目の「私が宅建の資格を取ろうと思った理由は小さな頃からの影響があったからだと思っています」は、ビジネス文書にはあり得ませんよね。感想文や伝記のような出だしの文章では、ビジネスには通用しません。

また、学生の文章は、とにかく「一文が長くなりがち」です。**1つの文章には言いたいことは1つ**にして、読みやすさを心がけましょう。

④文法や言葉遣いは合っているか？

4つめは、そもそも**日本語としておかしい部分がないかどうか**です。Bの文章には、

・「しかし建築という分野は土木といった実際に理系の人がやる仕事だなと思っていたことと自分には仕事として望むことが違うと思っていました」

→**「実際に」の挿入箇所がおかしい。文章がだらだらと長い。**

・「それまではただつくって売るのと土地や建物の売買や貸借りはすべてただ会社がしていると思っていました」

↓適切な場所に句読点がない。「ただ」という言葉が重複。

など、意味の通じない文章が散見されます。日本語として誤った文章や、句読点が適切に打たれていない文章は、読み手が「要するに、こういうことですね」と補いながら追わなければいけません。

しかし、人事担当者は非常に忙しいので、わざわざ言外の意味まで理解しようとはしてくれません。「読み書き能力が低い、文書の作成やコミュニケーションに難のある人材だ」ということで落とされてしまうでしょう。

⑤誤字脱字はないか？

最後に、誤字脱字です。

「しかし一人ひとりのお客様にたってその人にとって最善の選択を導く事ができる営業職で小さい頃から興味があった建築の分野で仕事ができたらとても素晴らしい事だな思い勉強しています」

この文章、欠けている言葉は何でしょうか？「の立場」ですよね。お客様「の立場」に立って、その人にとって最善の選択を導くことが営業職なわけですから。

これ以外にも、「と思い勉強しています」の「と」が抜けています。

なお、これは誤字脱字ではありませんが、「とても素晴らしい事だな」の「事」はひらがなで書くのが普通です。それ以外にも「物（もの）」「為（ため）」「訳（わけ）」「所（ところ）」などは**ひらがなで書くほうが自然**だと思います。

ネタばらしをすると、Ｂの文章は、「ＥＳで落ちる」と当スクールに相談に来た学生のもので、Ａの文章はその後、私が添削したものです。添削後はその学生のＥＳ通過率は格段に上がり、逆求人サイトで企業からのスカウトが来ることも多くなりました。

１章では「学歴フィルターは確かにある」とお伝えしましたが、しかし**「学歴フィルター以前に書いている文章がひどいから通らない」というのはよくある話**です。

文章のおかしさは、トレーニング＆読み返しで解消！

伝わる文章を書く５つのポイントがわかったら、トレーニングするしかありません。トレーニングは３ステップです。

①論理的思考力を鍛える

「論理的思考力」と小難しく書きましたが、要は主張と根拠を分ける癖をつけるということです。これはどんなに長い文章にも共通して重要なことで、たとえば本書にしても、

主張：「一流ホワイト企業に内定するには、ＩＱ、ＥＱ、就活力の３つの能力を高める機会を、親御さんがお子さんに提供することが大事」
根拠：「選出した１００社の企業が求めている能力の共通点がそれだったから」
「能力を高める機会は、親御さんにしか提供できないものが多いから」

ということになります。履歴書やＥＳで求められる文章は、本書と比べれば、もっと短くシンプルです。論理的な骨組み（ロジックツリー／主張と根拠をまず明確にしてから書き始める）の考え方を取り入れるだけで、作文能力は劇的に上がるでしょう。

企業によっては抜き打ちで作文試験をするところもあり、**ESのように事前準備ができない場合も多い**ものです。ぜひ、日常からのトレーニングを実践してください。

②国語力を鍛える

論理的な骨組みをつくったら肉付けする文章を書いていくわけで、そこには国語力が必要です。ただ残念なことに、国語力は日頃からたくさんの文章に触れていないと、絶対に上がりません。

③検算力を鍛える

「$3X+7=22$の方程式の答えを求めなさい」という問題が出れば、「$X=5$」とわかった後に代入して検算をしますよね。これと同様に、一度作文を書き上げたら、それが本当にお題に対して答えているものであるのかどうかをチェックします。

親御さんとしては、この**見直しをお子さんと一緒にして、イマイチな点はお子さんに直させる**、というパターンがいいでしょう。時には**お子さんの文章を音読**しても、多くの発見があるでしょう。お子さんの国語力が弱ければ何度も書き直さなければいけませんが、結果的にお子さんの力でいい文章を書き上げることができるようになります。

この3点をおさえながら、実際にお子さんの作文力をトレーニングしましょう。次のページに、課題を2問、掲載します。お子さんと挑戦してみてください。

お子さんへの課題1

日経新聞から毎週1つ、記事を選び、その要約文をつくる（200～400文字程度）。

親御さんへの課題1

お子さんの要約文を、①～⑤の観点から添削し、フィードバックする。

お子さんへの課題2

課題1で要約した記事に対して、自分なりの意見を述べる（200～400文字程度）。

親御さんへの課題2

お子さんへの課題2の意見を、①～⑤の観点から添削し、フィードバックする。

課題1は、作文力のトレーニングになるとともに、社会や情勢への理解も深まります。課題2は、結論と根拠を必ず分けるようにしてください。

この2つの訓練を毎週行なっていくことで、作文力はメキメキ向上していくことでしょう。3カ月も続ければ見違えるような成長を感じられるはずです。

5 筆記試験対策 ～ＩＱの力を企業に示す～

筆記試験は、多くの就活生の盲点になっているポイントです。最初にはっきりと申し上げておきますが、ほとんどの**一流ホワイト企業は、筆記試験の配点を高く設定しています。**中でも総合商社、不動産デベロッパー、ＩＴ企業、金融機関、コンサル会社などはその傾向にあります。というのも、学生からの人気が高く、応募の数が多いので、筆記試験で足切りをしてしまうほうが効率がいいからです。

付き合いのある東証プライム上場のコンサル会社の人事責任者が、以前、こんなことを話していました。

「今年は筆記試験の基準に届かない就活生ばかりが集まってしまった。母集団形成の仕方が悪いのかなあ」

これこそ、**企業が筆記試験を基準として足切りを行なっている**証拠ですね。

第一関門となる筆記試験で足切りされないだけの力をつけておくことは必須です。

教えます！　落とされないための筆記試験対策法

筆記試験にはいくつかの形式があります。

①ウェブテスト形式

学生が自分のパソコンで試験を受けます。**もっとも多くの企業に浸透している方法**です。ただし、本人以外が受験している（替え玉）ケースを見抜けません。「戦争状態にある就活においては、道義なんて関係ない！」ということなのか、毎年のように優秀な子のところにはテストを代行してくれという依頼が殺到します。親も子も見境がなく、今でも私に打診してくる人もいるほどです（もちろん断っています）。

が、本書を手に取ってくださっている方は、替え玉などせず、お子さん自身に受験させましょう。ＳＰＩ、ＴＧ－ＷＥＢ、玉手箱などは市販の問題集があり、事前に対策することができます。３カ月ほど練習すれば誰でも点数は上がります。

親御さんが「筆記試験対策をしなさい」と口うるさく言っても、多くの学生さんは、「やる気にならない」などと先延ばしにしがちです。そんな学生を見ると、「就活で社会人人生のフィールドがほぼ決まるのに」「生涯でもらえる賃金のベースがほぼ決まるのに」と心から残念に思います。

まして、大学でとくにやりたいことがなく、進学動機が「いい会社に入るためにとりあえず」という人に対しては、**「ここで頑張れないようなら、何のために大学に入ったの？」**と言いたくなってしまいます。本当に、自己管理能力が問われるタイミングですね。

②テストセンター形式

テストセンターに就活生が行って受験します。身分証の提示が必要のため、替え玉は不可。テスト内容は①とほぼ変わりませんが、緊張感が伴います。この方式を採用している企業には、**人気企業が多く見受けられます。**

テストセンターは全国各地にあり、東京ではお茶の水や新宿などにあります。

人気企業ほどこの形式を採用する理由はシンプルで、替え玉を排除して、面接する学生数を適切に削るためです。対策方法は①と同じです。

③自社形式

自社、またはどこかの会場を自社で借りて行ないます。問題の形式も会社によって違うことが多いため、**対策が取りづらく、ぶっつけ本番**になりがちです。たまにネットやメルカリなどで問題と解答が売られていることがあるようです。

採用する人材にある程度の要件を求めている企業に、この形式を採用するところが多いようです。日本ＩＢＭはオリジナル問題をつくっていますし、マスコミ系も自社形式の試験が多く見られます。本書でオススメしている「一流ホワイト企業」も例外ではありません。一流ホワイト企業の特徴ともいえるオリジナル試験については、次章で改めて解説します。

6 身だしなみ ～第一印象で損していませんか？～

「人の内面は、外見にあらわれる。だから、**外見を見れば、その人の考えや職業、そしてこれまでの人生がどうだったのかがわかってしまう**」

これは、当スクールでマナーを教える松井千恵美先生の言葉です。

松井先生はジャパンエレガンススタイル協会の代表理事であると同時にお箏《こと》の家元であり、マナーの講師としてテレビ番組にも多く出演されている方です。松井先生のこの言葉は、就活においても、人生においても真実だと思います。

就活指導をしていると、中には、

「外見なんて関係ない。内面ができていればそれで人間関係はうまくいくんだから」

と言う人がいます。事実、私もそう思っていたことがあります。

しかし、よくよく考えればそれは、「外見なんて関係がないから適当でいいや」という内面が、外見にあらわれてしまっているということです。外見からきちんとしている人からすれば、「この人は適当なんだな」と受け取られてしまいます。これはもったいないことです。

理系学生、父親の仕事着がスーツでない学生は要注意

就活においては、**とくに身だしなみに注意が必要なのは、理系の学生**です。

理系学生の多くは、一日中研究室にこもっているライフスタイルです。普段は整髪料もつけず、髭《ひげ》も剃《そ》らず、メイクもせず、ということが珍しくありません。

そのまま面接に行ってしまうとどうなるかというと、「清潔感がないな」と第一印象が悪くなるのです。

身だしなみについては、父親の職業が影響していることも多いですね。父親が営業職ならば、普段からビシッとした格好をしていることが多いものです。子どもは自然とそれを

見て学び、自分もビシッとした格好をするのが普通だと思うでしょう。一方、父親がエンジニア職や研究職など、スーツを着用しない職種だと、子どもはスーツの着こなし方を知らずに育ってしまいます。

スーツも着こなせない、清潔感がないなどは、IT系のフランクな会社を受けるのであれば問題ないかもしれません。しかし、金融系の会社や、体育会系の商社・メーカーなどを受ける際は致命的です。

身だしなみを整えるには、ある程度の費用もかかります。お子さんだけでは賄《まかな》えない場合は支援してでも、お子さんの身だしなみを整えることに努めたほうがいいでしょう。

就活で失敗しない身だしなみの整え方

ではさっそく就活に求められる身だしなみを紹介していきます。ここでのポイントは、**「学生がOKと思っていることと、社会人として最低限求められることは違う」**ということ。多くの学生が気にもしていないようなポイントが、面接官に「不潔感」「不信感」を与えていることは珍しくありません。そのため、ここでも**親御さんの指導が不可欠**です。お子さんの身だしなみは、厳しすぎるくらいのチェックをしてあげましょう。

ここからは、大学で就活写真を数多く撮影されている株式会社ブライトネスの渡邉会長に、就活に必要な身だしなみを教えていただくことにします。

心構え1　おしゃれと身だしなみは違います

おしゃれは個人で楽しむものですが、**身だしなみは相手のために整える社会的行為**です。目線を自分から相手に変えることから就職活動は始まります。

心構え2　清潔感が第一

相手目線だからこそ、**相手から気持ちよく思われる格好をすべき**です。

心構え3　中身の判断が物理的に難しいほど、第一印象で、見た目での判断になりがち

とくに新卒採用はまだスキルがない人を採用しているわけですから、どうしても「なんだか雰囲気がよさそう」みたいな感じで採用されたりします。だからこそ、身だしなみは整えるべきなのです。

心構え4　人は見た目が9割

メラビアンの法則によると、人間は55%を視覚情報から、38%を聴覚情報から判断し、話の中身は7%しか考慮していないということがいわれています。要するに、**見た目で多くが決まる**ということです。見た目を変えると外からの評価が変わり、内面が変わることはよくあることです。

心構え5　身だしなみは、無言の紹介状

内面は外見にあらわれます。職業柄、様々な社会人に会いますが、同じ職種に従事する人はたいてい同じような服装をしています。それは、それぞれの職種で推奨される服装や外見があるからです。つまり、**身だしなみが一種の紹介状になり、相手に自分のレッテルを貼らせている**ということです。

髪型（男性編）

男性の髪型のポイントは、

・清潔感

・さわやかさ

・フレッシュさ

です。このポイントをおさえるためには、派手な髪色やパーマは避け、**黒髪ショートが必須でしょう。前髪を少し横に流しておでこを出せば、より清潔感を与えられます。**

ちなみに、ワックスやジェルなどを使用することは問題ありません。つけすぎや変に形をつくるのは逆効果ですが、きれいに整えるためであればワックスは使ってよいでしょう。

では、１９１ページの写真の学生の髪型はどうでしょう？

正解は、「長い」です。前髪ももみあげも長すぎて、定番のショートヘアの学生に比べると、清潔感という点で一段下がる印象です。

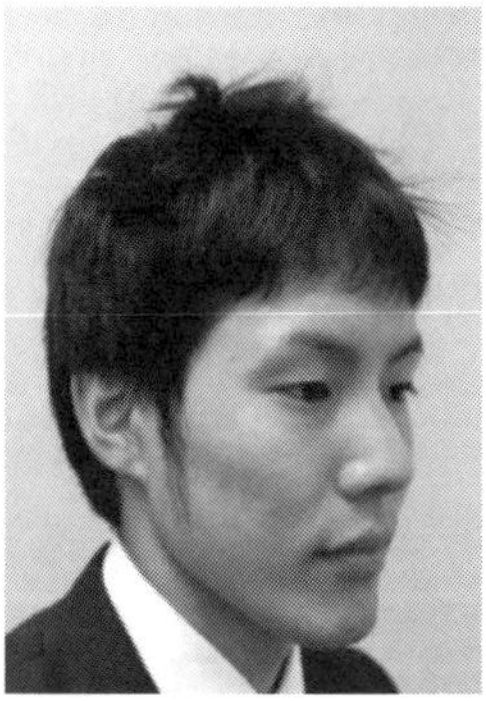

黒髪ショートヘアの定番なスタイル

「前髪を短くしておでこを出す」という髪型が嫌だ、というお子さんもいるかもしれませんね。その際は、**「おしゃれやプライドを取るか、就活の結果を取るか、どちらがいい？」**と聞いてみてください。たいていの場合は結果を取るほうを選んでくれると思います。

この学生の印象は？

髪型とメイク（女性編）

女性においても一番重要なポイントは「清潔感」です。気をつけるべき点としては、

・おでこと耳を出す
・アクセサリーは華美にしない
・ヘアピンを見せない

の3点です。

髪色は黒が基本ですが、明るすぎない茶色なら問題ないでしょう。茶色の程度は、日本ヘアカラー協会（ＪＨＣＡ）が開発した「ＪＨＣＡレベルスケール」の７レベルの色を基準にしてください。

次は女性の髪型です。下の写真の髪型は、どのような印象を受けますか？

この学生の印象は？

長い髪を結んでいないことで、ぼさぼさに見えてしまいますよね。ロングの人はポニーテール、ハーフアップ、シニヨンが無難でしょう。派手なものでなければ、シュシュやバレッタをつけても構いません。

では、次のページの３枚の写真では、どの結び方がいいと思いますか。

髪を結ぶ高さには好みもありますが、ここでの結論は、真ん中の、中くらいの高さが一番よい、ということになります。キーワードは何をおいても「清潔感」です。「ルールだから」と考えるのではなく、**「相手に清潔感を持ってもらうためにはどうしたらいいか」**を基準に考えましょう。

前髪は、斜め前髪やセンター分け、オールバックなどがありますが、やはりおでこが出ていて清潔感のあるスタイルを心がけてください。

また、女性のメイクに関しても同様に、清潔感が第一です。ナチュラルメイクを心がけましょう。流行のメイク・派手なメイクは、相手によっては不潔感や不誠実さを感じてしまいかねません。やはり、個性よりも、「相手からどう見えるか」を考えるようにしましょう。なお、口紅は、ピンク、ピンクベージュなど明るい色を選ぶと、顔全体が明るく見えるのでオススメです。

女性でも、研究室にこもっているタイプや、海外生活の長いタイプなどは、外見をなおざりにしがちです。外見全般を、お母さんなどが気にしてあげたほうがいいかもしれません。

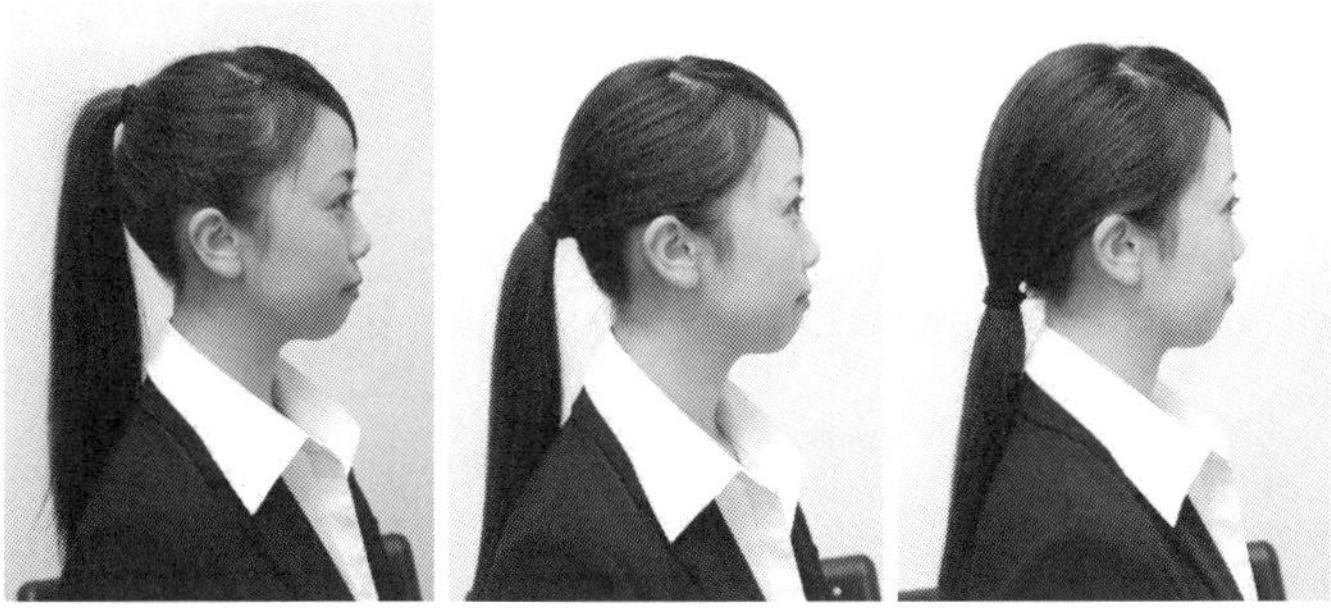

結ぶ高さ……好感を持たれやすいのはどれ?

全身

次に、全身を見ていきましょう。

本書では、就活の服装のチェックポイントを写真付きで掲載しますが、実際にスーツを着てみないとわからないことがほとんどです。そもそもスーツのサイズが合っていなければ、細かいポイントをおさえても、まったく効果はありません。

ですから、本書での注意事項は最終チェックに利用することにして、**まずは一度、スーツ専門店に足を運び、相談してみることをオススメします。**実際、私がコナカさんの店舗に行った際は、プロの店員さんが細部まで教えてくれました。本書でも、コナカさんが就活向けに作成している資料から、就活スーツのポイントをお伝えしていきます。

プロの客観的な視点で今のお子さんの体型に合ったスーツを購入することで、服装による失敗を格段に減らすことができるでしょう。

服装のチェックポイント（男性編）

写真提供：紳士服コナカ

上着は肩幅で合わせる

肩先に指ひとつまみ分の余裕があり、背中にシワができなければジャストサイズです

Vゾーンを美しくまとめる

ネクタイの結び目は首元まで持ち上げディンプル（くぼみ）をつくりましょう。ワイシャツは白のレギュラー・ワイドカラーが基本です

上着の二つボタンは上だけ留める

ジャケットのシルエットを美しく保つため、下のボタンは外しましょう

フラップ（雨ぶた）の使い方

屋外で着用する場合はフラップを外に、屋内では中に入れるのがマナーです

袖丈はワイシャツが見える程度に

腕を下ろした状態で、ワイシャツの袖が1cm程度のぞく長さが基本です

着丈は上着の裾をつかめる程度に

まっすぐ立った状態で、裾からヒップがぎりぎり隠れる程度がちょうどよい着丈です

スラックスの裾はスッキリと

裾はシングルで、シューズの甲に軽く触れるハーフクッションが一般的です

学生が見落としがちな服装のNG（男性編）

下の２枚の写真を見てください。

左はスーツの袖が短すぎ、右はスーツの袖が長すぎ。スーツの袖は、次のページの写真のように、ワイシャツが１㎝程度のぞく長さが基本です。

このように比べると一目瞭然ですが、普段スーツを着ない学生さんが見落としがちなポイントです。

また、スーツ専門店でスーツの袖丈をちょうどよく調整しても、シャツのサイズを買い間違えると袖の出方がおかしくなってしまいます。親御さんは十分、注意してあげてください。

また、ベルトも黒のシンプルなものを選びましょ

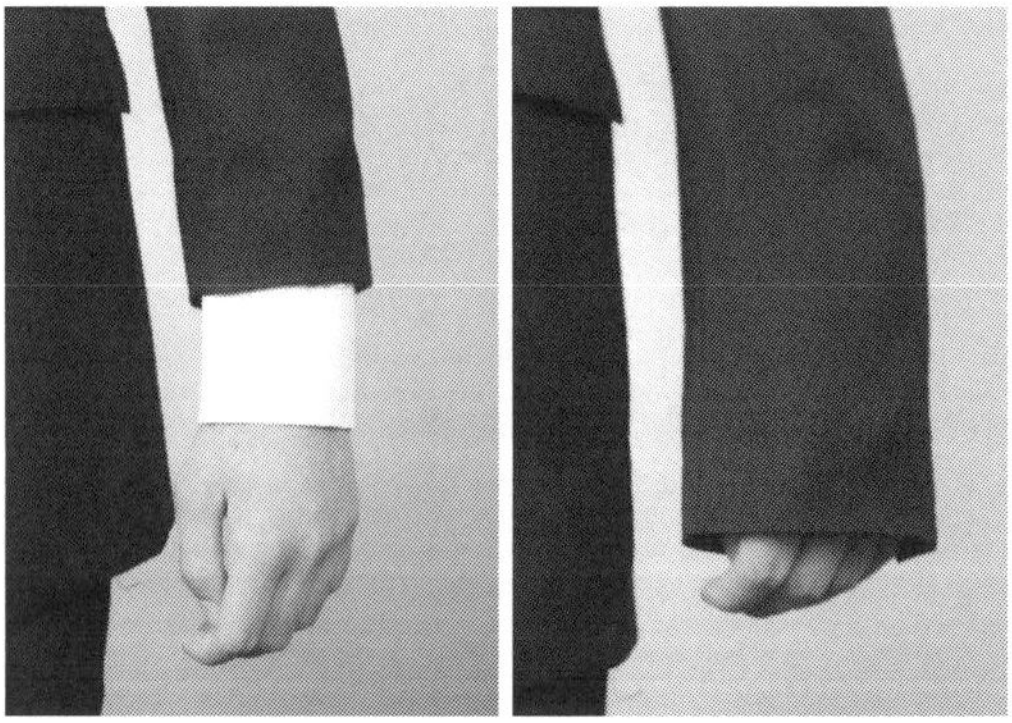

スーツの袖は長すぎても短すぎてもNG

う。意外に多くの学生が、明るいベージュやカジュアルなものを締めて、座ったときにベルトだけが目立つ、ということになりがちです。

靴下も、スーツや革靴と同色を選んだほうが無難です。

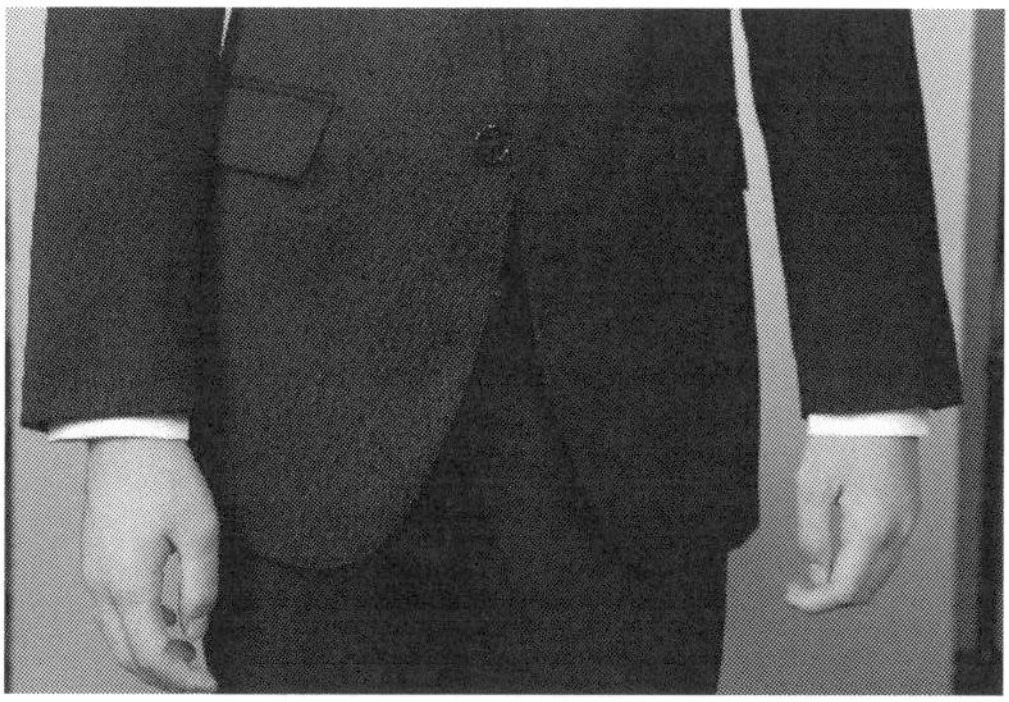

スーツの袖は「ワイシャツが1cm程度のぞく」長さに

服装のチェックポイント（女性編）

写真提供：紳士服コナカ

上着は肩幅で合わせる

背中にシワが寄ったり窮屈に感じなければジャストサイズです

上着のボタンはすべて留める

一つボタンと二つボタン、どちらのタイプもすべて留めましょう

フラップ（雨ぶた）の使い方

屋外で着用する場合はフラップを外に、屋内では中に入れるのがマナーです

着丈はヒップの一番高い部分に

まっすぐ立った状態で、ヒップの一番高い部分が隠れる程度がちょうどよい着丈です

袖丈はブラウスが見えない長さに

腕を下ろした状態で、ブラウスの袖が上着から出ない長さが基本です

スカート丈は膝が半分隠れる長さに

まっすぐ立った状態で、膝が半分隠れる程度がちょうどよいスカート丈です。座ったときにもキレイに見えます

パンツの裾

足の甲に軽く触れるくらいの長さがオススメです。短すぎて踵が見えてしまわないように注意しましょう

学生が見落としがちな服装のNG（女性編）

先ほど、男性はスーツの袖からシャツが少し見えるように、と書きましたが、女性の袖丈はブラウスが見えない長さにします。

注意が必要なのが、スカート丈です。下の2枚の写真を見比べてみてください。

左の写真では長すぎて、サイズが合っていない印象です。右がちょうどいい長さです。

パンツを選ぶ場合は、丈は甲に軽く触れるハーフクッションができる長さがよいでしょう。パンツスタイルは、歩きやすいうえ、アクティブな印象を与えることができます。

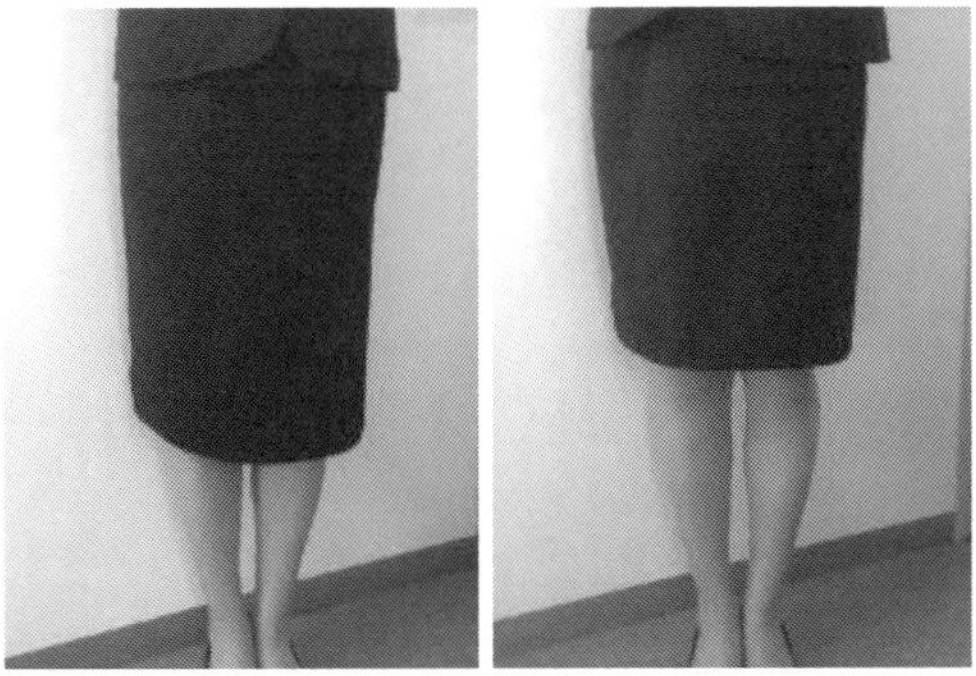

スカートの長さ……ちょうどいいのはどっち？

就活スーツ、何着あれば足りますか？

就活スーツは、その後続く社会人生活の中では、あまり着用する機会がないものです。と考えると、つい必要最低限だけを買いそろえて、少ない枚数を回して……としたくなるかもしれません。

しかし、とくにお子さんが独り暮らしの場合などは、洗濯が間に合わず、つい就活用として用意したもの以外のものを身につけてしまうケースもあるようです。

次のページに、コナカさんがオススメしている「ものの数」を載せておきます。この数字を参考に、お子さんのライフスタイルに合わせて数を調整しましょう。

就活グッズの必要点数の目安とオススメ

スーツ	2着	（黒のベーシックなタイプ）
コート	1着	（黒のベーシックなタイプ。女性の場合はベージュのシンプルなトレンチも○）
ワイシャツ（男性）	3枚	（白のレギュラーカラーかワイドカラー）
ブラウス（女性）	3枚	（白のレギュラーカラーかスキッパーカラー）
ネクタイ（男性）	3本	（スタイリッシュなレジメンタルや落ち着いた印象の無地）
ベルト	1本	（黒のプレーンなタイプ。女性はパンツスタイルの場合のみ使用）
ソックス（男性）	3足	（黒のシンプルなもの）
ストッキング（女性）	3足	（ベージュの無地）
シューズ	2足	（男性は黒のストレートチップまたはプレーントゥ。女性は黒のローヒールのパンプス）
ハンカチ	3枚	（無地または落ち着いた色柄を選ぶ）
アンダーウェア（男性）	3枚	（清潔感のある白）
タイバー（男性）	1点	（シルバーのシンプルなもの）

持ち物

持ち物についても軽く触れておきます。

・手帳・メモ帳

社会人になってすぐに、たいていの新入社員は「きちんとメモを取る」ことを指導されます。それだけ、メモは社会人にとって基本です。採用担当者が次の選考プロセスを説明しているときなどは、必ずメモを取らせましょう。「こいつはちゃんと話を聞いているのか？」という疑念を抱かせないことが大切です。

・バッグ

バッグは黒のＡ４の書類が入る大きさで、マチの付いたものを用意しましょう。床に置いても倒れにくいため、面接時にバッグが倒れていらぬ緊張やヘマをするということを防げます。リュックサックタイプや、一目でブランド品とわかるものはふさわしくありません。

・ＥＳの写し

盲点なのが、ＥＳの写しです。面接では事前に提出したＥＳをもとに質問されます。**必ず提出前にコピーを取り、当日も持参させましょう。**

ＥＳは、受ける会社が求める人物像に合わせて、その内容も当然変えているはずです。間違えて別の会社向けに書いた内容を話してしまうことのないように、面接に向かう電車の中などでＥＳを見直し、シミュレーションをするといいでしょう。

・スマートフォン・携帯電話

緊急時の連絡用に持たせましょう。なお、会社への緊急時の連絡は、基本は電話です。学生はＬＩＮＥに慣れているせいか、緊急連絡もメールで済ませてしまう傾向にあります。必ず電話で連絡をするように伝えましょう。

・腕時計

時計は、シンプルなものを選びましょう。派手な色のものやキャラクターもの、一目で高額とわかるものは避けましょう。スマホで時刻を見る人もいますが、待合室でスマホを見ていると、「他社の試験日をチェックしているのか？」など不要な勘ぐりのもとになります。できれば腕時計をさせましょう。

・印鑑

書類に不備が見つかった場合、会場で訂正印を押すことになります。

・証明写真

内定後の手続きで急遽必要になる場合があるため、予備を持っていくとよいでしょう。

・名刺入れ

名刺をいただく場合もあるので、黒のベーシックなものを用意しましょう。

・メイク道具（女性）

化粧が崩れた場合の備えです。

・ティッシュ

スーツやバッグ、その他書類に汚れがついた際に拭くためです。

7 マナー
～取り繕っても「人となり」が透けて見えている～

「実は高学歴の方ほど、マナーができていない」

これは、以前松井先生から指摘されたことです。この言葉に続けて、松井先生は次のようにおっしゃいました。

「高学歴でもマナーができていない方が多いのは、学歴重視の教育環境によるのではないでしょうか。学歴を重視する親御さんの中には、成績優秀であれば、マナーについてあまりとやかく言わない方も多くいます。行儀が悪くても、成績がよければすべて許してしまう方もいます。周囲の大人もそうでしょう。そのような環境で育った子どもは、自分の行儀の悪さに気づくことはないでしょう。〝裸の王様〟状態です。

でも、学生と社会人では立場がまったく違うのです。学生はお金を払って学んでいる立場。学校から見ればお客様です。社会人はお金をもらう立場です。その人の行動や発言は会社代表として扱われるようになります。そんな立場に置かれて初めて、マナーや礼儀作法の大切さに気づくのかもしれませんね。

最近は敬語も正しく話せない人も多く、中には、流暢《りゅうちょう》な英語を話せるのに日本語になったらため口しかできないなんていうお子さんも目につきます。

挨拶や表情、態度、身だしなみ、言葉遣いを、まずは形からでも身につけないと、いつまで経っても〝学生〟から卒業できませんよ」

的を射たお言葉で、私自身も身につまされました。実際、当スクールではマナー講習も行ないますが、多くの学生が自身のマナーのなさを実感しているようです。そして、マナー講習前後では、面接での結果も大きく変わっていました。

とくに**文系の学生は、専門性の要素が低い分、マナーの良し悪しが大きな評価のポイントになります。**「営業職を志す人間が、ビジネスマナーくらいできなくてどうする」ということなのでしょう。

たかがマナーとバカにせず、親御さんは、お子さんが学べる機会をつくってあげてください。マナー講習に参加させるのもいいですが、時間があるならば高級飲食店やコールセンターでバイトをさせるといいでしょう。バイトを通して、面接で一番ボロが出やすい言葉遣いが、徹底的に鍛えられるはずです。

当スクールには、コールセンターでバイトをしていて、総合商社の丸紅に内定した学生がいますが、やはり、なみ外れた対応力・接客力・言葉遣いでした。

就活マナー① 遅刻しない

ここからはマナーの各論についてお伝えしていきます。まず1つめは、遅刻をしないこと。基本的には、**面接会場には15分前に到着させる**ことを心がけましょう。

また、やむを得ず遅刻してしまう場合には、遅れることが判明した時点で、相手方に電話をさせましょう。参考に、電話での遅刻の伝え方を掲載しておきます。

「お忙しいところ恐れ入ります。私、本日14時より採用面談のお約束を頂戴しております、ホワイト大学経済学部4年の田中と申します。大変申し訳ございません。大学のゼミが想定よりも大幅に延びてしまいお約束のお時間に20分ほど遅れてしまいそうです。直前のご連絡となってしまい、本当に申し訳ございません。現在御社へ向かっておりますが、予定時刻を過ぎてしまっても面接を実施していただけますでしょうか？」

なお、このような電話対応は、一度、お子さんとロールプレイングをしておいたほうがいいでしょう。親御さん世代と比べ、今の学生世代は電話経験がほぼありません。

遅刻は、大幅な電車の遅延や、教授やバイト先の上長などによる不可抗力、前の面接が長引いた、家族に不幸があった、体調不良などの場合、許容されることもありますが、基本的にはＮＧです。とくに、寝坊や道に迷った、ちょっとした電車の遅延などでの遅刻は管理能力のなさにほかなりません。仮に遅れて面接をしてもらえたとしても、不採用となることがほとんどです。

就活マナー②　挨拶

面接室に入る際、ＯＢ・ＯＧ訪問をする際など、しっかり元気に挨拶できるかが見られています。就活指導をしていて唖然《あぜん》とするほど、今の学生さんには挨拶ができない方が多い。裏返せば、きちんと挨拶するだけで、プラスの評価になるということでもあります。

お子さんが営業職を受ける場合は、とくにしっかり指導してください。

挨拶の心構えは、「NHK＝ニコニコ、ハキハキ、キビキビ」です。

「失礼いたします！」

「〇〇大学から参りました、▲▲と申します。本日はよろしくお願いいたします！」

面接が終了した際に、

「本日はありがとうございました！」

とまずはNHKで挨拶できるようにしておきましょう。

さらに挨拶で差をつけたい場合は、面接終了後にお礼のメールを送ると相手からの印象がよくなります。次のページにお礼メールの典型例を掲載しておきますので、参考にしてください。

就活マナー③　言葉遣い・敬語

次に、言葉遣いと敬語です。**お子さんは、尊敬語と謙譲語の使い分けが正しくできてい**

面接のお礼メールの書き方

件名：【ホワイト大学 田中太郎】本日の面接のお礼

アヴァロン・コンサルティング株式会社
総務人事課　山田様

お世話になっております、
ホワイト大学経済学部の田中と申します。
本日は面接のお時間をいただき、ありがとうございました。

山田様のお話をうかがい、改めて貴社への志望度が高まりました。
とくに面接中におっしゃっていた「変化・成長へのコミット」という言葉が
私の中で強く印象に残っております。

貴社への入社が叶った際は、つねに変化・成長を追い続けて
会社の業績に貢献できればと考えております。

ご多忙かと存じますので、ご返信には及びません。
本日は誠にありがとうございました。

－－－－－－－－－－－－－－－－－－－－－－－－－－－－
ホワイト大学経済学部経済学科4年
田中　太郎　 －　 Taro Tanaka
－－－－－－－－－－－－－－－－－－－－－－－－－－－－
■mail: tanaka@[redacted].com
■TEL: 000-0000-0000
■住所:
〒000-0000
東京都渋谷区〇〇〇南0-0-0 コーポ〇〇201
－－－－－－－－－－－－－－－－－－－－－－－－－－－－

ますか？

言葉遣いを間違えるだけで、相手を下げ自分を上げてしまうことにもなりますから、要注意です。とくに、「おっしゃる」と「申し上げる」、「ご覧になる」と「拝見する」、「いらっしゃる」と「うかがう」、そして「なさる」と「いたす」の使い分けは正しくできるようにしておきましょう。

面接時やOB・OG訪問時に自然と使えるようにするためには、普段からのトレーニングが不可欠です。ご家庭でしっかり取り組んでください。

【学生が間違えやすい10の表現】

1「了解しました」

「了解しました」は、敬意のないフランクな表現です。「承知しました」または「かしこまりました」を用いるようにしましょう。

2「大変参考になりました」

「参考」という言葉が〝自分の考えを決める際の足しにする〟といった表現で、相手を軽視しているように見えます。目上の人に対しては「大変勉強になりました」を用いるようにしてください。

3「すいません」「すみません」

「すいません」は「すみません」の口語として定着したため、目上の人に用いるには失礼な表現です。

さらにビジネス上では「すみません」を使うことさえＮＧという考え方があります。この言葉には感謝と謝罪の２つの意味が込められているため、きちんと「ありがとうございます」「申し訳ございません」と伝えるのが正式、というものです。

4「なるほどですね」

もともとが「なるほど、そうですね」の省略形だというだけでなく、「なるほど」自体が目下の人に対して使うものです。「おっしゃる通りです」などの言い回しにしましょう。

5「〜になります」

「〜になります」というのは、基本的にはものが変化していく様子を表す言い方で、敬語ではありません。「〜に成る」という場合以外は使わないようにしましょう。以下は、その例です。

× こちらは私の履歴書になります　→　○　こちらは私の履歴書でございます

6「（役職名）＋様」

役職に敬称をつけるのは誤りです。「○○社長」または「社長の○○様」としましょう。

7「申されていました」

「おっしゃっていました」が正しい表現です。

8「ご拝受いただければ幸いです」

「拝」という表現自体が、つつしんで、というような意味を持つ謙譲語なので、相手の行為に対して使うのは間違いです。「ご査収ください」が正しい表現になります。同様の理由から、

× 拝見されましたか → ○ 目を通していただけましたか、ご覧になりましたか

も注意してください。

9「○○さんが申されたように」

「申す」は謙譲語です。「言う」の尊敬語は「おっしゃる」なので、「○○さんがおっしゃいましたように」が正しい使い方です。

10「おっしゃられる通りだと思います」

おっしゃるだけで尊敬語ですので、「られる」をつけると二重敬語です。「おっしゃる通りだと思います」が適切です。同様に、「おっしゃられました」ではなく、「おっしゃいました」が正しい表現です。

以上です。社会人でも敬語は間違えてしまいがちです。親御さんも注意してお子さんの指導に当たってください。

就活マナー④　オンライン面接のときは

新型コロナウイルス感染症の拡大後、オンライン面接を採用する会社が増えています。対面で行なう面接とは流れが違いますので、ここではオンライン面接での望ましいマナーのポイントについて記載しておきます。

1　面接前準備を徹底する

通信環境などが原因で接続不良にならないよう、面接開始の30分前に次のチェックを行ないます。すべてのチェックが完了してから、オンライン面接会場にアクセスしましょう。

通信チェック

ＬＡＮケーブルが確実にパソコンに挿入されインターネットにアクセスできている、もしくは（２・４ＧＨｚではなく）５ＧＨｚの周波数でＷｉ－Ｆｉ接続されていてインターネットにアクセスできているかを確認します。

カメラチェック

ｚｏｏｍなどの設定画面を開き、映り方を確認します。ネクタイが曲がっていないか、女性は化粧や髪型が乱れていないかをチェックします。

また、このとき自身の顔がハッキリと表示されていることも確認します。ライトなどが手元になく、光の加減などで顔が見づらい場合は、場所を変えたり、カーテンを閉めるなどして改善するとよいでしょう。

マイクチェック

こちらもｚｏｏｍの設定画面で確認が可能です。マイクのテストを押下して、自分の声の聞こえ方を確認します。音声が出力されない、砂嵐のような音になっている場合はマイクに何か問題がある可能性があります。替えのマイクなどを用意しておくと安心です。

ユーザーネームチェック

オンライン面接会場に入る前に、企業からの表示名の指定がないか、大学名と名前がわかりやすく記載されているかを確認します。

最終ＥＳチェック、目標チェック

面接本番前に、再度ＥＳを確認して自身がアピールすべきポイントや、伝えていきたい点のおさらいをします。また、前回の面接の反省メモを読み返し、失敗を生かせるように備えます。

印象チェック

部屋を片付け、生活感のあるものが背景に映り込まないようにしましょう。印象がいいのは、「白い壁」の背景です。

顔の印象をできるだけ明るく見せるために、肌の手入れをすることはもちろん、デスクライトやレフ板を活用して顔に自然な光が当たるように心がけましょう。

2 面接会場へ接続

指定されたURLなどから、面接会場へアクセスします。

このとき、スマートフォンの着信音がならないように、電源を切りましょう。仮にアラームなどが設定されていた場合に鳴動してしまう可能性もあるので、マナーモードはオススメできません。必ず電源を切りましょう。

3 面接官に挨拶

面接官と顔を合わせたタイミングで、挨拶をします。

ここで注意したいのは、挨拶の向きです。画面ではなく、カメラに視点を合わせてください。ついつい画面を見てしまいがちですが、グッとこらえてカメラに視点を合わせて挨拶ができるようにしましょう。

また、指定がない場合はマイクをミュートにせず、話を振られたらすぐに対応できる状態で待機しておきましょう。カメラも同様にONのままにしておきましょう。

4　面接スタート

面接官からの合図で面接をスタートします。事前連絡で説明されている場合などを除いては、最初に面接官から、面接の進め方について案内されるはずです。まずは焦らずしっかりと面接官の話を聞きましょう。

まれに、事前連絡で「会場へアクセスしたらすぐに、大学名と名前をお話しください」といった指定がある場合もあるので、面接会場のURLが記載されたメールは見落としのないように再確認しておきましょう。

オンライン面接は対面の面接と話す内容こそ同じであるものの、流れや見せ方などで違いがあります。何回かリハーサルを行なってから本番に臨みましょう。

就活は、挫折の連続……子どもの心境と親の役割

ここまで、就活の流れに沿って、親御さんにしていただきたいサポートを列挙してきました。すべてをお子さんに伴走して指導して……となると、大変だと思われた方も多いかもしれません。

これまで紹介してきた多くのことは、もし親御さんだけでフォローするのが難しければ、ある程度は外部の専門家の手を借りることも可能です。しかし、これからご紹介することだけは、親御さんにしかできないと、私は考えています。

それは、**お子さんの精神面を支えるサポート**です。

就職活動ではお子さんの望み通りにならないことがあまりにも多く発生します。「ここはいけるだろう」と思っていた企業から落選通知が届いたり、一次面接で連続して落とされたりすると、お子さんが精神的に参ってしまうでしょう。そんなとき、親御さんにはぜひ、次のような役割を果たしていただきたいと思います。

①カウンセラーとしての役割

1つめは、選考中のカウンセラーとしての役割です。

ここまでで何度もお話ししている通り、現代の就活はストレスフルです。時には選考で立て続けに落とされ、お子さんが意気消沈してしまうこともあるでしょう。

そんなときには、親御さんはぜひ、**お子さんの話を聞いてあげてください。**別に何かアドバイスをしなくても、ただお子さんの話を聞いてあげるだけでも十分です。そのうえで、「え？　昨日までに面接結果が来ないと不採用？　そんな結果の通知もしない不誠実な会社はどうせそのうち潰れるからほっとけ」

など、ちょっとした励ましの言葉をかけていただきたいのです。

親御さんからの励ましは、お子さんにとって大きな支援になりますが、一方で、お子さんへの励ましに無頓着な親御さんが多すぎます。

「また落とされたの？　大変ねぇ」

といった、**親御さんの他人事の態度に傷ついたお子さんからの相談は、私のもとにも多く寄せられている**のです。

もちろん、落ち込んでいるお子さんに対して「受からないのは実力がないせい」「お前はここがだらしないからダメなんだ」といった説教をするのはもってのほかです。親御さんがこういう態度をとれば、お子さんは家に帰りたくもなくなるでしょう。志望する企業から拒絶され、家に帰ってきて親御さんから否定されたら、お子さんは居場所がなくなってしまいます。

話を前向きに聞き、肯定することをぜひ取り入れてみてください。

②コーチ・先輩としての役割

お子さんが自己分析をしているときには、お子さんの指針となってください。要するに、**社会人の先輩としてコーチの役割**を果たしていただきたいのです。

自己分析の中で、多くのお子さんは、

「自分って何が向いていると思う？」

といった質問をしてくることもあるでしょう。この質問に対して、これまでの子育て経験や社会人経験から、

「あなたは昔こんなことを頑張っていたからこんな仕事がいいんじゃない？」

などと真剣にアドバイスしてあげてください。

それ以外にも、お子さんが、

「仕事って楽しいの？」

「働く意味って何？」

などと率直な疑問を持っているときには、社会人の先輩として、仕事の醍醐味や面白さ、そして大変さなども話してみるといいでしょう。

就活時に、親御さんの職業や経験を参考にして進路を決める学生は少なくありません。一人の社会人の先輩として、説得力あるアドバイスをしてあげましょう。

③金銭的なサポーターとしての役割

親御さんにしかできない大切な役割の1つが、資金援助です。

「これまで、さんざん教育費を払ってサポートしてきました！」という方も多いかもしれませんが、**今がそのサポートの集大成**です。ここで子どもにお金を出さなかったがために、これまでに投資してきた教育費が報われない、というケースも多々、見てきました。本書をご覧のみなさんはそうならないようにしましょう。

なお、就活時に学生が必要とする資金援助は、おもに、

・スーツやバッグなどの身につけるものの費用
・交通費
・応募書類の送料
・証明写真
・印刷・コピー代
・オンライン面接に伴う機材（パソコン、カメラ、通信環境など）

です。あとは、当社のような就活スクールですね。「それくらい、バイト代で賄わせたい」という場合には、そのバイトはぜひ大学2年生までにして、十分なお金を貯めておかせてください。

企業の採用活動が本格的な時期は、面接のアポなどが突然入ります。そこで出された面接の日程が、就活の交通費を稼ぐためのバイトで埋まっていて行けない、となれば、それこそ本末転倒です。

就活生にとって、時間は何よりも大事な資源です。集中できる環境を整えてあげてください。

④プロジェクト・マネージャーとしての役割

最後に、**進捗を管理する役割**を挙げておきます。説明会がラッシュの時期、ＥＳの提出期限が集中する時期は、お子さんはこれまでになく多忙です。ついエントリーを忘れてしまったり、遅刻したりしやすいのもこの時期でしょう。

これまでにお話ししてきたように、こういった些細なミスは、就活にとって命とり。**人**

生レベルで大きな影響を及ぼすことも少なくありません。親御さんもスケジュールを共有し、親子で一丸となって選考に臨める学生のほうが、強いのは事実です。１３５〜１３７ページのようなスケジュール表を見ながら、

「今日はＮＴＴのＥＳが締め切りだけどもう出した？」

「明日はアステラス製薬の面接だけど、面接で言うことは固まってる？」

など、お子さんが忘れがちなことを確認してあげましょう。これをするだけで内定率は大きくアップします。

何年も学生の就活指導をしてきて、例年、感じていることですが、**本当に多くの就活生は、自己管理が全然できておらず、それがてきめんに就活の仇《あだ》となっています。**成人しているのにだらしない、と突き放すのではなく、ここだけは締めくくりと考えて、しっかりサポートしてあげてください。

コラム　本命前の最終チェック！　26のチェックポイント

ついに本命企業の採用試験！　というとき、つい本人は張り切りすぎて、基本的なことがおろそかになりがちです。本命企業を受ける前には、以下の点を確認しておきましょう。

【受け答えの内容面に関して】

① 職業選択の軸が明確ですか？
② 業界選定理由が的確ですか？
③ 他社と比較したうえでの的確な企業選定理由を話せていますか？
④ 志望企業・業界のニュース３つをもとに、自分の意見を言えますか？
⑤ 志望企業の製品・サービス３つをもとに、自分の意見を言えますか？
⑥ 採用担当者への質問を最低３つ用意して面接に臨んでいますか？（２５５ページ）

【身だしなみ（男子編）】

⑦ 髪は乱れていませんか、清潔ですか？

×ふけが出ている。抜け毛がついている。髪が跳ねている。

⑧爪は伸びていませんか、短く切ってあり清潔ですか？

⑨髭はきれいに剃っていますか？　顎のあたりにも剃り残しはありませんか？

⑩もみあげは長すぎませんか？

⑪清潔なハンカチを持っていますか？

⑫スーツはサイズの合ったものを身につけていますか？　汚れやシワが目立つものではありませんか？　ボタンは取れていませんか？　仕付け糸は、取ってありますか？
ポケットにものが入って膨らんでいませんか？

⑬ワイシャツは、首回りや袖丈が体に合った清潔な白無地のものですか？

⑭ネクタイの柄は派手すぎませんか？　きちんと結ばれていますか？

⑮靴は、きちんと磨いてありますか？

⑯ワイシャツの下に着たTシャツの柄が透けていませんか？

【身だしなみ（女子編）】

⑰髪色はナチュラルですか？　目にかからず、額、眉、耳が出ていますか？

⑱お辞儀をするたびに、髪をかき上げていませんか？

⑲　ナチュラルメイクになっていますか？
⑳　口紅は、ピンク、ピンクベージュなど明るい色を選んでいますか？
㉑　スーツは、体型に合ったものを身につけていますか？
㉒　ブラウスは、派手なフリルやギャザーのついたものは避け、白の装飾品のないものを身につけていますか？　暗色のアンダーウェアが透けていませんか？
㉓　ストッキングは、無地で自然な肌色を身につけていますか？　伝線していませんか？　予備を持ちましたか？
㉔　靴は、黒のよく磨かれたものですか？
㉕　きつすぎる香水をつけていませんか？
㉖　ピアス、イアリング、ネックレスなどのアクセサリーを身につけていませんか？

第4章

一流ホワイト企業ほど、試験が意地悪!? その理由と対策法

なぜ一流ホワイト企業ほど、「試験の意地が悪い」のか

ここまでで、お子さんが一流ホワイト企業から内定を取るためのステップと、親御さんのサポートを一通りご理解いただけたかと思います。

しかし、3章まででご紹介したことは、実は就職活動においては「基礎」にも近いものです。実際に一流ホワイト企業を受ける場合は、書類選考や面接以外にも、越えなければいけないハードルがあります。**「長くて書きづらいES」**や**「意地悪な筆記試験」「答えにくい面接」「難しいテーマでのグループ・ディスカッション」**です。

そこで本章では、一流ホワイト企業の内定に向けて、個別の試験の事例をご紹介していくことにします。お子さんへのアドバイスの参考にしてください。

私が指導をしている学生さんからは、**「竹内先生から勧められた会社ほど、ESが大変」**

「一流ホワイト企業は試験が意地悪」というコメントをよく聞きます。はい、そうでしょう。

一般的に、**一流ホワイト企業ほど、試験の難易度が上がります。**その理由はひとえに、学生の応募が殺到しているから。ＥＳや試験で学生をきちんとふるいにかけることで、個別の面接で見る人数を調整したり、望む人材像に近いかどうかを測ったりしているのです。

ですから、もしお子さんが、本書でオススメしているような「一流ホワイト企業」を本気で目指す、ということになれば、その対策は不可欠です。さっそく見ていきましょう。

一流ホワイト企業の意地悪① ハイ・ボリュームのES

一流ホワイト企業の多くは、ものすごい分量のＥＳ提出を求めます。具体例をもとに見ていきましょう。なお、ここでご紹介している事例は、過去のＥＳからの引用です。

【総合不動産デベロッパーM社のインターンシップES】

・本インターンシップを志望する理由と、期待することをお書きください（４００字以内）。

・これまでにあなた自身が一番力を入れて取り組んできたことに関して、ご自由にお書きください（６００字以内）。

・あなたが今まで訪れたことのある街を1つ挙げ、その街をさらに魅力的にするための具体的な施策をハード・ソフトの両面から提案してください（６００字以内）。

　例）ハード：施設開発、インフラ整備など、ソフト：サービス提供、ＩＴ活用、地域との連携など

【最先端の技術を持つＩＴメーカーＩ社の本選考のＥＳ】

・Ｉ社は世界に価値のあるイノベーションを届けることを企業理念の1つとしています。あなたが取り組んだイノベーションについて教えてください。イノベーションの定義は様々です。何か新しく生み出したことでも、現状を改善した経験でも、些細なことでも構いませんので、具体的に記述してください（５００字程度）。

・Ｉ社ではお客様の成功に全力を尽くし、お客様や社会にとってかけがえのない存在になることを目的としています。あなたはＩ社の一員として、お客様や社会にどのような貢献をしたいですか？　希望職種を選択した理由に触れながら具体的に記述してください（５００字程度）。

・I社ではグローバルチームの一員として、すべての関係者に誠実に対応し、自らの責任を果たすことが求められます。あなたが他者と協業して何かを達成した経験について具体的に記述してください。ただし、他の設問とは異なる体験について記述してください（500字程度）。
・(職種として）興味のある分野と、選択した理由を記述してください（400字程度）。

【自動車メーカーN社の文系職本選考のES】
・現在のゼミ・研究室名と研究（予定）テーマについてご記入ください（150文字以内）。
・趣味・特技などがありましたらご記入ください（100文字以内）。
・志望動機について教えてください（150文字以内）。
・入社後にやってみたい職種をご選択ください。
　第一希望
　第二希望
　第三希望
・上記職種を選んだ理由をご記入ください（70文字以内）。

- 部活動・サークル活動などに取り組んでいましたら、その経験について２つまで教えてください。
  - １つめの名称をご記入ください（例：テニス部、英会話サークル等／15文字以内）。
  - １つめの活動内容と年数についてご記入ください（50文字以内）。
  - ２つめの名称をご記入ください（例：テニス部、英会話サークル等／15文字以内）。
  - ２つめの活動内容と年数についてご記入ください（50文字以内）。
- あなたが自分についての本（自叙伝）を書くとしたら、どのようなものになりますか。
  - 本（自叙伝）全体のあらすじを教えてください（１８０文字以内）。
  - 最少３章、最大６章で構成し、１章目のタイトルをご記入ください（30文字以内）。
  - ２章目のタイトルをご記入ください（30文字以内）。
  - ３章目のタイトルをご記入ください（30文字以内）。
  - 本（自叙伝）の中で、一番読んでほしい章の内容と、その内容を具体的にご記入ください（７００文字以内）。
- 学生時代に頑張った活動または取り組みについてうかがいます。まずは概要を教えてください（１２０文字以内）。
  - 活動・取り組みの時期や期間を教えてください（60文字以内）。

・始めたきっかけを教えてください（180文字以内）。
・内容と結果を教えてください（480文字以内）。
・海外勤務をしたいと思いますか（180文字以内）。

以上、ざっと3社のESをご紹介しました。**どこも文字数が多く、親御さんの想像以上の難易度**だったのではないでしょうか。

とくに、I社は「イノベーション」という、学生が普段考えない難しい問いが課せられています。また、N社は項目が非常に多いうえ、自叙伝まで含まれています。これらのESを本気で書こうと思ったらかなりの時間がかかりそうです。それだけ**企業は学生の「本気度」を見ている**わけです。

学生はこの1社のESさえ仕上げればいいわけではありません。多くの就活生は5～50社に応募するわけですから、ESもまた、それだけ求められることになります。改めて、現代の就活の大変さを、親御さんにも実感いただけるのではないでしょうか。

さて、このような独特のESに対して、親御さんはどのようにアドバイスしたらいいでしょうか？　ここでは、3つのポイントをお伝えしておきます。

①1つの問いに対しては、言いたいことを1つに絞る

字数が長い設問は、「あれこれと言わないといけないのでは」と思いがちですが、そんなことはありません。話題を複数盛り込もうとすると、結果的にまとまりがなく、何を伝えたいのかがわからない文章になりがちです。**言いたいことを1つに絞り、そのことをしっかりと伝えましょう。**

②最初に結論を書く

聞かれた質問には、まず端的に答えてください。**「結論↓根拠・具体例」の順で書かせる**と、伝わりやすい文章に仕上がります。

③字数が埋まらなければ具体例でかさ増しする

字数が埋まらない場合は、具体例の説明を詳しくしましょう。

以下、参考までに、I社のESへの答え方の例を載せておきます。なお、念のために伝えておきますが、**ESは自身の志望動機などを、体験に基づいて書くもの**です。仮にお子さんの志望する企業のESで同様の問題が出題されたとしても、この通りに書けば受かる、ということではありませんので、ご注意ください。

問

・Ｉ社は世界に価値のあるイノベーションを届けることを企業理念の１つとしています。あなたが取り組んだイノベーションについて教えてください。イノベーションの定義は様々です。何か新しく生み出したことでも、現状を改善した経験でも、些細なことでも構いませんので、具体的に記述してください（５００字程度）。

記入例

私が取り組んだイノベーションは勉強の効率改革です。私は４カ月でこのイノベーションを用いてＴＯＥＩＣで８７０点を取りました。始めた当初は、４カ月で８５０点を取るという目標を立て、勉強を始めました。その際私は、質は考えずにたくさん量をやるということを重視しました。具体的には、１日４時間勉強し、２カ月で２冊の参考書を解きました。しかし、その後に受けたＴＯＥＩＣの点数は、６２０点と自分が予想していた点数よりも大幅に低かったのです。この結果を受け、私は自分がやった２冊の問題集を解いたところ、前と同じところを間違ってしまうということがわかりました。このことから、私は量をやることも重要であるが、定着させるための質の高い勉強をすることが重要であると考えました。そこで、私はＴＯＥＩＣで高い点数を取った先輩に相談したり、ネットで様々な勉強方法を調べたりして正しい勉強の仕方を確立しました。具体的には、多くの問題を解くのではなく一つの問題を時間をかけて精読することです。それに加え、短期の目標を立てＧｏｏｇｌｅカレンダーで時間を管理し計画的に勉強を行ないました。このように勉強の仕方にイノベーションを起こした結果、２カ月後に８７０点を取ることができました。

解説

「え⁉　ＴＯＥＩＣの点数を上げることがイノベーションとどう関係があるの？」と思った方もいるかもしれません。たしかに、「なるほど、これはイノベーションだ」という答えを書ければ望ましいものですが、多くの学生は主体的なイノベーションの経験などはないことが多いでしょう。この事例は、内容こそ苦し紛れではありますが、結論から答えており、その主張も「勉強効率を変えた」ということが明確です。

問

・Ｉ社ではお客様の成功に全力を尽くし、お客様や社会にとってかけがえのない存在になることを目的としています。あなたはＩ社の一員として、お客様や社会にどのような貢献をしたいですか？　希望職種を選択した理由に触れながら具体的に記述してください（５００字程度）。

記入例

私がビジネスコンサルタントを志望した理由は、医療業界の改革をしたいからです。そう考える理由は、父が経営している病院でのアルバイトの経験からです。父の病院では、患者に多くの待ち時間をとらせてしまうことが問題となっておりました。この状況を解決するためには、業務を短縮化することが重要であり、貴社の○○（製品名）を活用することでそれが実現できると考えています。たとえば、今までの患者の情報をデータベース化し、待っている患者から○○で情報を引き出し照合することで、病気を絞ることができると思います。その結果、医者は施術の前に患者の情報を知ることができるので、基本的なことについて聞く手間が省け、効率よく施術することができます。一方、施術の効率化が進むことで患者の待ち時間が減り、患者の満足度を上げることもできます。このように医療業界はＩＴで改革できる余地がたくさんあると考えており、そのためにはＩＴと経営の知識の両方が必要であると考えるため、貴社のビジネスコンサルタントになることで、医者と患者の双方の顧客体験を向上させ、日本の医療に貢献したいと私は考えています。

解説

この記入例は、評価できる点が多くあります。まず、内容そのものが会社に入ってやりたいことでありながら、企業への業務改善提案書ともいえる点。強い熱意を感じますね。次に、自分の生い立ちや家庭環境から、深い内容が書けている点。ここでは、３章で例示した「親の職業と関連させる」パターンが用いられています。自己分析がしっかりできていれば、このように自分のことを相手にわかりやすく伝えることができます。第３に、「医療業界の改革」という主張も明確で、結論→根拠という構成ができている点です。

なお、Ｉ社へのＥＳに医療系の内容を書いているのは、Ｉ社が医療セクターに強いＩＴ企業であり、ＡＩを用いて先進的な取り組みをしているという情報を、事前の企業研究やＯＢ訪問でつかんでいたからです。企業研究の結果がここにあらわれています。

問

・Ｉ社ではグローバルチームの一員として、すべての関係者に誠実に対応し、自らの責任を果たすことが求められます。あなたが他者と協業して何かを達成した経験について具体的に記述してください。ただし、他の設問とは異なる体験について記述してください（５００字程度）。

記入例

私が他者と協業して成し遂げた成果は、衣服販売において月間20万円の利益を達成したことです。私は海外から国内の市場に衣服を卸す仕事をしております。始めた当初は、月間目標利潤10万円を達成できませんでした。そこで、課題を分析した結果、衣服の梱包・発送などの雑務が多いということがわかりました。雑務を他人に委任し、自分が衣服の選定や出品などの戦略面に従事したほうが全体の利益が向上すると考えたので、友人３人を誘い仕事のグループ化を行ないました。グループ内で私は戦略の立案のほか、メンバーのまとめ役も担いました。前者に関しては、メンバーに対して給与を払う立場にいたため、仕入れと販売の場所を近づけることで早期現金化に取り組むなど、常に利益を上げるための努力を行ないました。後者に関しては、メンバーのモチベーションを高めることを意識しました。具体的には、短期目標を設定して目的意識を持たせたり、利益の計上を任せたりすることで現在の利益額を実感してもらい、仕事に意欲的に取り組んでもらえるようにしました。この取り組みの結果、目標利潤の２倍の利益を達成することができました。

解説

ちょっと学生離れした経験だと感じるかもしれませんが、要するにやったことは、「自分でしていた服の転売に友人を誘い、みんなで稼いだ」ということです。ただ、それをそのまま書いてしまってはかわいげがないので、「グループ化」「モチベーションの向上」という言葉に言い換えています。学生時代に頑張ったことなどのエピソードは、このように起承転結で記述してあるか、添削してください。

問

・(職種として）興味のある分野と、選択した理由を記述してください（４００字程度）。

記入例

私がコンサルタントを志望する理由は、自分の強みを生かせ、やりがいを感じると考えているからです。衣服販売の仕事で月間利潤20万円を上げた経験から、強みである分析力を生かした仕事に就きたいと考え、現在就職活動をしています。一方で、私のやりがいは人を手助けし、ともに目標を達成することにあります。私は塾でアルバイトをしておりましたが、１人の生徒を１年間にわたりサポートし、生徒が第１志望に合格したときにはとてもやりがいを感じました。顧客の課題を分析しサポートすることで、ともに何かを達成する仕事であるコンサルタントは、私の強みとやりがいの双方を満たせるのではないかと考え、この分野を選択しました。

解説
自分の強みと自分の熱が入ることをもとに回答できており、お手本ともいえる内容になっていると思います。このように、職種の選択理由を聞かれた場合は強みを中心に話を展開するか、強み＋やりがいで話を展開するという方法でアドバイスをしていくといいでしょう。

一流ホワイト企業の意地悪② 高難易度の筆記試験

一流企業を受ける際、筆記試験で高得点を取ることが必要だというのは、前章でお話しした通りです。しかし、一部の一流企業は試験問題そのものが難解です。ここでは、外資系金融機関やコンサル会社で出題された問題をいくつか見ていきましょう。

問題1

現在の時刻が3時15分だとすると、時計の長針と短針の間の角度は何度か？　30秒で答えよ。

解説

正解は7・5度です。一流企業の筆記試験対策としては、10秒以内で解きたいところですね。

問題2

1m四方の立方体で構成されている10m四方の巨大な立方体がある。このとき、巨大な立方体の表面上に見えている、1m四方の立方体の数は、何個になるか？　30秒で答えよ。

解説

正解は$10^3-8^3=488$個です。外側から内側の立方体を取り除けばよいという発想に30秒以内に気づくかがポイントです。

問題3

4羽のニワトリが4分間に4個の卵を生むとき、8羽のニワトリは8分間に何個の卵を産むか？

解説

正解は16個。ニワトリの数が2倍になり、時間も2倍になっているためです。

いかがでしたか？　**筆記試験のパターンは、毎年ある程度決まっています。**お子さんが志望する企業がこのような試験形式である場合には、専門の問題集などを購入して、トレーニングをさせたほうがいいでしょう。

一流ホワイト企業の意地悪③　グループ・ディスカッション

グループ・ディスカッションは、抽象的あるいは具体的なお題を学生に与え、話し合いをさせる形式の試験です。**コミュニケーション力や議論の途中でのリーダーシップ、回答**

の妥当性を見ています。

お題は、

・働きやすい職場とは何か
・今後我が社は、どの国に対して事業を拡大すべきか
・無人島に１つだけ持っていくとしたら、何を持っていくか

など、絶対的な答えのないものが多く出される傾向にあります。

多くのお題は絶対的な答えはないとしても、妥当性のある答えはいくつか見つかります。たとえば最初の「働きやすい職場とは何か」という質問であれば、「風通しがよい」とか、「男女差別がない」とか、「信賞必罰が明確」などが、答えとして妥当です。ただし、重要視されるのは、**答えそのものよりも、それをどうやって導き出したかという筋道**です。

たとえばこのお題の場合は、５Ｗ１Ｈに沿って、

「誰にとっての職場なのか」
「なぜ働きやすくする必要があるのか（逆にいえばなぜ今は働きやすくないのか）」
「いつの時代のことなのか、今だとすればなぜ今なのか」

などの筋道で回答を導き出すと、説得力があるでしょう。反対に、筋道なくただアイデアを出し合うだけでは、「考える力がない」と判断されてしまいます。このように、問題

を解決する切り口にはいくつかパターンがありますので、問題集を買ったり、グループ・ディスカッションの会に参加したりするなどしてトレーニングしておくといいでしょう。

また、このグループ・ディスカッションでは、**グループ内でどう振る舞うか**も問われています。やはり、積極的に発言をしてチームに貢献しようとする学生の評価が高く、受動的だったり内気で発言しなかったりすれば、どうしても落選しやすくなるでしょう。もちろん、考えがあって場を静観している場合は何も問題がないのですが、単純に話すのが苦手だとか、内気だとか、初対面の人とディスカッションをするのが怖いといった対人恐怖症の人はこのグループ・ディスカッションでふるい落とされることが多くなってしまいます。

どうしても苦手な場合には、グループ・ディスカッションのない会社を受けるしかないでしょう。

ちなみに、グループ・ディスカッションに参加する際には**自分に合った役目をあらかじめ理解しておく**と心の拠り所ができてオススメです。「自分に合った役割」とは、普段の話し合いや会議などで自分がしているものです。

コラム グループ・ディスカッションでは、リーダーにならないとダメですか？

グループ・ディスカッションに関して、よく次のような質問が寄せられます。

「やはり、リーダーシップを発揮しないと通過しないのでしょうか？」

「うまくしきる自信がないのですが、リーダーの役を買って出るべきですか？」

端的にお答えすれば、「必ずしもリーダーシップを発揮しなくてもよい」と私は考えています。

多くの試験では、お子さんらしい役割でチームに貢献できれば、それで問題なく通過するでしょう。

ここでは、ご参考までに、それぞれの役割におけるプラスの評価とマイナスの評価をご紹介しておきます。

性格・強み別にオススメの役割

役割	向いている人	向いていない人
司会進行・リーダー	人当たりがよく爽やかな人	根暗でコミュニケーションが嫌いな人
タイムキーパー	議論全体の流れと時間の調整(ファシリテーション)ができる人	頭の回転が遅く、全体の流れと時間の調整ができない人
書記	字がきれいな人・言われたことをミスなくできる人・グラフを描ける人	字が汚い人
アイデア出し役	案をどんどん出せる人。議題に対して専門知識があると強い	真面目すぎて特異な発想が出ない人
議長	意思決定を普段からしている人	他人任せに物事を決めている人
プレゼンター(発表)	声が通る人、結論から話せる人	声が小さい人、人前で緊張して上がってしまう人

役割別・評価のポイント

役割	仕事内容	成果への貢献が見られる場合	成果への貢献が見られない場合
司会進行・リーダー	口火を切り、議論をリードする	正しいリードをする	間違ったリードをしている
タイムキーパー	時間を計ること	時間から見て、議論をリードしている	ただ時間だけ計っている
書記	議論を書き写し、ヒントを与える	図を用いた切り口の提示や情報整理	ただ文字だけ写している
アイデア出し役	案を出す	成果に結びつく案を出している	成果に結びつかない案を出している
議長	最終決定を下す	適切なアイデアの取捨選択	自己中心的に判断
プレゼンター(発表)	発表する	聞き手にわかりやすい発表をしている	プレゼンが下手くそで伝わらない

一流ホワイト企業の意地悪④　終わらない面接

面接においても、一流ホワイト企業は突破が困難です。それはずばり、回数が多いから。リクルーター面接から順に見ていきましょう。

・リクルーター面接

一流ホワイト企業でも、実はリクルーター面接を行なっているところは多くあります。ただし、ターゲットは特定の大学（東大・京大・一橋・東工大・旧帝大・早稲田・慶應）が多いです。リクルーターがもともと所属していたサークルの後輩に声をかけたり、ゼミの後輩に声をかけたりして、自分の会社の選考を受けるように誘導するパターンです。

リクルーターがつけば選考上かなり有利になりますので、本選考時にお子さんが、「大学の先輩に会う」「社員の人に会う」と言い出したら、それはチャンスをつかみに行っていると思ってください。

リクルーター面接で見られていることはおもに2つです。

1つめが**「どんな仕事がしたいのか」**。先輩からすれば気軽に聞ける質問ですから、「でさ、お前、将来どうしたいの？」みたいな形で聞かれることが多いでしょう。自己分析で希望の進路が明確になっている人はここではっきりと答えられますから、それが合致すれば、次の選考につなげてもらえるでしょう。

他方、答えがあやふやだったり、明らかにその会社と希望の進路が違ったりする場合（たとえば、生命保険会社の先輩と会っているのに、自分はインフラの企業で働きたいなど）は、「志望度なし」とみなされて、そこで終わってしまうケースがよくあります。お子さんがリクルーター面接を控えているようなら、その前に希望進路についてお子さんに聞いてみて、はっきり答えられるかを確認したほうがいいかもしれません。

リクルーター面接で見られていることの2つめは、**「この人と一緒に働きたいか」**です。新入社員というのは、どうしても最初は会社のお荷物。教育して面倒を見ることが必須です。そんな対象である以上、「この人は自分の部下にしてもいいな」「うちの会社に入ったら頑張ってくれそうだな」「育て甲斐がありそうだな」と相手から思ってもらう必要があるわけです。

対人コミュニケーションで重要なのはＩＱよりもＥＱです。親御さんはぜひ、お子さんと模擬面接をして、わが子が他人から「一緒に働きたい」と思ってもらえるかどうか、確認してみるといいでしょう。なお、模擬面接では、下記の5大質問がオススメです。

1 学生時代に力を入れたことについて教えてください
2 自己PRを教えてください
3 あなたの就職活動の軸は何ですか？
4 ほかにどのような会社を受けていますか？
5 入社後にやりたいことについて教えてください

・一次面接：おもに企業の選定軸を聞かれる

一流ホワイト企業の一次面接では、おもに「なぜこの業界」「なぜこの職種（仕事）」「なぜ他の会社ではなく当社を志望するのか」の3点をみっちりと聞かれます。

まず、「なぜこの業界なのか」という質問です。答え方のポイントは、**その業界のことをきちんと調べたうえで、自身の生い立ちや学生時代に頑張ったことと関連付けて話すこと。**これは自己分析のところで説明した通りです。

では、もしお子さんが食品メーカーを希望しているとして、その業界の志望動機を尋ねられ、次のように答えたらどうでしょうか？

「私が食品メーカーを志望している理由は、業界安定性があるからです。将来ＡＩにより多数の職種が機械にとって代わられると発表されていますが、人間の生活そのものがなくなるわけではないので食品メーカーは将来性があると思っています。ほかに選ぶ理由としては、ワーク・ライフ・バランスの充実、給与や制度などの待遇面がしっかりしていることや研修やキャリアアップ支援が充実していることが挙げられます」

おそらく、このように答えたら、面接は通らないでしょうね。その理由はざっと見ても5つはあります。

まず1点目。この回答は「もらうこと」しか考えていません。**「働く」というのは、自分の理想を実現する手段であり、同時に会社や世の中に対して価値を提供して対価を受け取る行為でもあります。**しかしこの返事では、そのどちらの視点もまったくありません。「会社はお前の道具じゃないぞ」という見解をされてしまう可能性が高いといえます。

2点目は、**論理的なおかしさ**です。ＡＩで仕事が代替される話は職種やプロセスに関するものですが、食品メーカーは業界ないしは会社であり、話が食い違っています。次に、食品メーカーが人間の生活に関する製品を供給しているのは事実ですが、すなわち将来性があるということにはなりません。それでいえば、人口減の日本においては、必要になる食品も少なくなり、将来性は低い、ともいえるのではないでしょうか。

3点目は、**2つの理由を挙げたいならば、最初に「2つあります」と言え**、ということです。今回の場合、志望理由は業界の安定性と福利厚生に大別されます。であれば最初に「理由は2つあり、1つめは……」というように言うべきでしょう。それだけでもう、聞き手のことを考えていない答えであることが透けて見えます。

4点目ですが、この志望理由である業界安定性と福利厚生ならば、食品業界である必要がありません。そもそもこの回答は質問に答えていないといえます。

最後の5点目としては、先ほどの回答は何ひとつ自分の言葉で話していません。**過去の原体験や、学部での話、親の職業、この業界に携わりたいと思ったきっかけなど、自分の経験や体験に基づくものがない。**となれば、面接官から渋い顔をされるか、ツッコミを入れられるかのどちらかでしょう。

この具体例を見ていただくと、**自己分析で洗い出した自分のストーリーと、業界・企業研究を総動員しなければ、一次面接は乗り切れない**ということがわかると思います。

ではどうすれば通るのか、というのは、139ページ以降で紹介した通りです。一流ホワイト企業に内定するには、絶対に通らなければいけない関門です。お子さんが苦手そうな場合には、徹底的にトレーニングを繰り返すことをオススメします。

なお、面接の最後に面接官から**「最後に質問はありますか？」**と質問されることがよくあります。これを「逆質問」といいますが、この内容によっては、選考で落とされてしまう場合もありますので、事前に考えておくといいでしょう。

たとえば、次のような質問は選考で落とされてしまう原因になりがちです。

- 会社のことを全然調べておらず、あまりにも初歩的な質問をする
- 新卒の面接の場なのに、残業時間や待遇などについてばかり質問する

このような質問をしてしまうと、それまでどんなに志望動機を熱く語っていたとしても、志望の程度や働く意欲を疑われかねません。

この場で求められるのは、企業や仕事に興味を持っているということがわかる前向きな質問です。たとえば、

- 「御社で活躍されている人の共通点は何ですか？」
- 「入社までに準備したほうがいいものは何ですか？」
- 「覚悟をしておいたほうがいいことはありますか？」

・「今後どういった分野に力を入れる予定ですか？」

などは、好感の持てる質問です。

・二次面接：おもに職種についての理解を聞かれる

面接の次数が高くなればなるほど、適性の合致が求められます。たとえばプログラマーを志望しているのでも、セキュリティ系のプログラマーなのか、ウェブ系のプログラマーなのかで求められる適性が違います。前者であればミスなくこなしたり緻密性《ちみつせい》が高い人のほうが性格的に有利ですが、後者であれば、コロコロ変わる顧客の要望に柔軟に対応できる人が適性として合っていることになります。

自己分析でお子さんの強みを割り出したら、それがどんな職業で生かせるかを把握し、なぜその職業を選ぶのかという理由をきちんと話せるようにさせておきたいものです。

ここでは、「職種」に関して面接でよく聞かれるものをピックアップしておきます。

・あなたがＩＴコンサルタントを志望する理由は何ですか？

・この職業で一番大事だと思うことについて教えてください

1つめの質問は、お子さんの適性や強み・専門性から答えていくというのがいいでしょう。単純に言えば、人付き合いが得意なので商社、鉄づくりを研究室で研究していたから鉄鋼メーカー、分析能力に秀でているのでITコンサルタントといった具合です。自己PRと合わせて考えておくといいでしょう。

難しいのは2つめの質問です。これは、できれば実際に先輩社員に会って話す中で探っていきたいものですね。あるいは、リクルーター面接や一次面接などで「何か質問はありますか」と向こうから質問されたときに、聞いておくといいでしょう。

・高次面接：おもに社会人としての心構えを聞かれる

最後に、高次面接について触れておきます。これはおもには役員面接や社長面接などのいわば「最終面接」が該当します。

相手は海千山千の役員で、緊張する学生も多いもの。また、聞かれる内容も、これまでとは少し趣《おもむき》が変わります。ここまでの面接は能力や適性、そして企業のことを調べているかどうかを確かめるための質問が多いですが、この面接ではどちらかというと**熱意や本気度、そして社会人としての人間性を見る質問が多く出される**のです。

その理由はシンプルで、役員クラスのビジネス経験者は、考え方の重要性を理解しているからです。

とくに、そこまで学歴が高くなく、能力や熱意でいろんな人にお世話になりながらビジネスを大きくしてきた経営者は、人間性や考え方、そして熱意をものすごく重要視しているものです（もちろん、経営者の中には高学歴で会社のエリートコースを登りつめたり、秀逸なビジネスアイデアで起業したりして会社を大きくしてきた人もいます。そういう人は、能力や学歴を重視する傾向があります）。

この面接ではどのように対処すればよいかといえば、**「子ども自身の職業観がどのように形成されたのかを話せるようにしておく」**ことに尽きます。たいていの場合、この高次面接を担当するのは1つも2つも世代の違う、身内でいえばおじいさんにあたるくらいの年齢の人です。今の若者への理解も十分にあるとも限りません。そのため、学生時代に頑張ったことを話しても、共感も得にくいものです。

そこで、「これまでどのように育ってきたか」ということをベースに、「親に恩返ししたいから仕事を頑張ります」というような話ができれば、共感を得られるコミュニケーションができるのではないでしょうか。

・面接のつっこんだ質問と落とし穴

最後に、これまで紹介した以外のよくある質問も掲載しておきます。

・学生と社会人の違いは何だと思うか

・今の就活についてあなたはどう思いますか？　いい点と悪い点をそれぞれ2つずつ挙げてください

これらは、考え方を問う問題です。普段どんな人と話しているかがそのまま反映されますし、**お子さんがこれまで、どのような環境で育てられてきたのか、普段親御さんがどんなことをお子さんに言っているのかも如実にあらわれる**ことになります。

もし、親御さんの仕事に対する取り組み方が消極的だったり、仕事を次々と変えたりしている場合には、お子さんがそれにならって答えてしまう可能性が高くなります。

なお、これらの質問へのアドバイスとしては、

・学生と社会人との違い：消費者と生産者（学生はお金を払ってサービスを受ける側だったが、社会人になるとサービスを提供する側になるため）など、社会人になることを肯定的にとらえて答える

とお伝えしておきます。

最後の就活に関しての質問ですが、これはどれくらい就活に対して真摯に取り組んだかが合否を分ける質問だと思います。何となく先輩が勧めている会社を受けているだけではこの質問には答えられません。自分なりに考え、もがきながら創意工夫をした人だけが、この質問に答えることができるのです。お子さんもそんな就活をできるといいですね。

コラム 就活はお子さんの人生の門出イベント

本書では、就活のノウハウについて、あれこれ口を酸っぱくして書いてきました。しかし、私が本書の執筆中に考えていたことは単純で、それは「就活というお子さんの門出となるイベントを家族全員で最高のものにし、喜びを分かち合ってほしい」ということです。

これまでにもいろんな家族イベントがあったでしょう。お子さんの誕生時にはわが子を抱きかかえて感激し、幼少期はハイハイし、やがて覚束ない足取りで歩き始めるお子さんを見守られていたことと思います。言うことを聞かなくてイライラしたり、突然の熱に慌てて病院に連れて行ったりと大変な時期もあったでしょう。

小学校に入ってからも、朝早くに起こしたり、忘れものがないようにチェックしたり、宿題をやらせたり。中学校に入ってからも、お子さんの成績にやきもきしたり、汚れた運動着を洗ったり、試合の応援に行ったり。受験時には健康面や精神面から子どもをサポートしながら見守り、模試の成績に一喜一憂したこともあったでしょう。反抗期もあったかとは思いますが、そんな時期も家族みなで乗り越えてきたはずです。

お子さんが成人を迎えた際にはお酒を飲んで祝い、お子さんの考え方がしっかりして徐々に同じ大人として話せるようになってくれたことはひとつの喜びだったかもしれません。就活は、今の時点でのその集大成です。お子さんの就職が最高の形で結実すれば、これまでの苦労はすべて吹き飛ぶ。そんな力が就活にはあるのです。

事実、私が普段お付き合いするご両親は、お子さんが一流ホワイト企業に内定すると心の底から感謝されます。とくにお父さまのほうが、

「本当にこんな会社に受かると思わなかった」

「信じられない。奇跡が起きた」

と、お子さんがいい意味で期待を裏切ってくれたことを感激されるのです。お嬢さんが日本銀行に内定されたお父さまが、喜びのあまり親族全員にすぐにLINEで連絡をしたなんて報告も学生から聞いていますから、この喜びは本物です（笑）。

お子さんの就活は、まだまだこれからです。どんなお子さんにも、最高の未来をつかむチャンスは平等に与えられています。受験で失敗したとか、学歴が低いとか、学部やゼミが不利だとか、大した自己PRがないとか、そんなことは関係ありません。

ぜひ、就活に正しく取り組ませ、家族の歴史に新しい1ページを加えてください。お子さんと親御さんの両方が、最高の門出を迎えられることを祈っています。

第5章

よくある親御さんからのQ&A

ここまで、お子さんを一流ホワイト企業に内定させる方法についてお伝えしてきました。ただ、これらはあくまでも、私がこれまでに膨大な数の就活生を指導する中で見えてきた概論です。

ここでは、実際の相談内容に即して、より込み入った質問に回答していきます。

Q 新型コロナウイルス感染症蔓延防止のために自粛をしていて、学生時代に力を入れたことで書けるものがありません

昨今、非常に多く相談を受ける内容です。この質問への回答は、早期選考までにどれくらい時間があるのかで変わってきます。

お子さんがまだ大学3年生の6月などであれば、今からでもネタづくりをしたほうがいいと思います。というのも、就活を始めればわかると思いますが、コロナ禍でも企業から評価されるような有効なネタ（ビジネス活動など）を行なっている学生は多いからです。

そのため、**ネタが全くないのであればつくるしかない**、ということになります。

ビジネス活動として有効なのは、営業職のインターンです。コールセンターなどで行な

っている場合もありので、まだ早期のタイミングであれば積極的にネタづくりをしてください。

一方、すでに大学3年生の1月などのタイミングになってしまった場合、ネタづくりをしている時間はありません。その場合は、これまでの大学で学んだことや精力的に行なったゼミの話を書いてください。苦し紛れですが、それしかありません。

ネタが弱いと、必然的に一流ホワイト企業から内定を得られる確率は下がってしまいます。そのため、**エントリー数を増やしたり、中堅のホワイト企業を増やしていく**などしたほうがいいと思います。

あるいは、一流ホワイト企業にこだわるのであれば、就職留年をしてネタづくりからしっかり取り組むことも有効です。１年程度の留年や休学であれば、企業側もほとんど気にしませんので、思い切って戦略を変えてみてください。留年については２８８ページで詳述します。

Q 一流ホワイト企業に就職するのに有利な学部を教えてください

結論から言うと、**理系なら工学部一択**です。そもそも工学部は、科学を社会で生かすためにつくられた学部です。学んだことを生かして就職活動ができるでしょう。

一方、理学部と農学部は一流ホワイト企業には、あまり有利に働きません。とくに、理学部生の場合は研究者になる傾向が強く、就職する人でも理科や数学の教員になる方が大半です。

理学部の中で、就活で有利に働くのは、**物理学科**と**化学学科**でしょうか。

物理学科はプログラミングのスキルを加えることで外資系金融機関のクオンツ（数学・物理学を用いた市場動向や企業業績の分析・予測、投資戦略や金融商品の開発・設計を担当する数理分析専門家）や日系金融機関のアクチュアリー（金融工学の数理的知識を用いて保険商品をはじめとする金融商品の開発・設計を担当する保険数理士）への道につながります（どちらも高収入の職種です）。

一方、化学学科の場合だと、基本的には化学メーカーの研究職や技術職・開発職になる道がもっとも確かでしょう。ただ、化粧品・食品・健康関連は、他の学科からも応募でき、優位性が発揮できないので注意しましょう。いずれにしても、**プログラミングは学んでおいたほうがいい**と思います。

農学部はそもそも専門分野が一次産業で、一流ホワイト企業のほとんどは二次・三次産業なので、親和性があまりありません。食品メーカーを受ける人が多いですが、前述のとおり食品は狭き門です。

なお、医学部保健学科に進学した人は、医療機器関連や健康系であればいい方向に働きます。在学中に臨床検査技師などの資格を取ったりしておくと、より有利でしょう。

理系の場合は大学名よりも、身につけた技術に注目して進路選択をするとよいでしょう。なお、**理系でも一流ホワイト企業に行きたい場合は、ある程度のコミュニケーション能力も必要**になります。コミュニケーションが苦手なお子さんは、日頃から訓練をさせてください。

次は文系です。**文系の場合は、経済・商・経営学部**は、企業経営の中で実践されていることを学んでいるケースが多く、有利に働きやすいでしょう。とくに金融などの数字を扱う仕事では数学を使いこなす経済学部生が重宝される傾向にあります。商学部生は企業のマーケティングや営業などの方面で活躍のフィールドがあります。

一方、社会学、文学、哲学、教育、心理、人間科学、環境教育、スポーツ科学などの学部は、学んだことが実社会でどのように生かせるかを明示しづらい傾向にありますし、ビジネスのリテラシーも低い傾向にあるので就活では苦戦しがちです。

また、法学部も法曹系の道に進まないとなると、進路選びに迷いがちになります。

とくに**幅広く何でも学べそうな学科ほど、「何も学んでいないのでは」と判断される**ケースが多いので気をつけてください。

ちなみに、文系から大学院に行く場合は、ＭＢＡ以外はほとんど有利には働きません。

なお、最近様々な大学で新設されている**国際教養学部や国際関係学部といった学部は、企業からのウケはとてもいい**です。理由はシンプルで、多くの企業がグローバル展開できる日本人を求めているからです。ぜひ、積極的に一流ホワイト企業に挑戦させてみてください。

もちろん、有利な学部だから一流ホワイト企業に入れる、不利な学部では入れない、ということではありません。しかし、**内定の取りやすさでいえば、やはり差が出てしまう**のは事実です。そのことは、覚えておいて損はないと思います。

Q 留学は就活で有利になりますか？

昨今は、海外でも活躍できるよう留学を検討する家庭も多いかと思います。

「留学は就活に有利だから行ったほうがいい」「英語がしゃべれたほうが社会人でも役に立つ」などの理由で留学に行く学生は多くいます。

しかし、**本当の意味で就活に有利になる留学のハードルは、思っているより高い**ものです。

結論、**留学に行った「だけ」では有利になりません**。もちろん留学に行きたいのであればぜひ行くといいと思いますし、私は大学の4年間を全部、就活に捧げろというつもりはありません。海外に行きたい気持ちがあるのなら、行ったほうがいいと思います。

ただ、「就活に有利になるから」留学に行きたいと思っているのであれば、それは違います。留学に行ったという事実だけで就活で有利になることはありません。昔であれば留学していることそのものに希少性があった時代もありましたが、今は卒業までに全員留学必須の大学や学科も増え、留学している人はたくさんいますので、希少性はありません。

留学が就活に有利になると考える方の方向性は、大きく2パターンあると思います。

1つ目は、留学に行って英語力がつけば、英語力をアピールして就活で有利になるんじゃないかという考えです。たしかに英語力がビジネスレベルに身についていれば、それはアピールになります。

ビジネスで使えるレベルの英語を身につけるとなると、基本的には、**大学の協定校留学で、かつ、1年以上**の留学が必要になると思います。協定校留学で、かつ、1年以上留学した場合は、最低でも**TOEIC800点台後半**を取れる程度に英語力は伸びるだろうと思います。

ただ、協定校留学は、そもそも留学前の段階でTOEFL®やIELTS《アイエルツ》™の点数が必要になるケースが大半です。ですので、もともと英語があまり得意ではない、という方が留学するとなると、協定校以外の語学学校への留学になりがちで、金銭的な負担も増えるため、期間も1年より短くなるケースが多くあります。

語学学校留学の場合、語学学校にいるのは日本人・韓国人・中国人が中心であり、現地の人と英語で話す機会はかなり少ないので、１年留学してもたいして英語力は上がらないケースが多いです。もちろん留学に行かないよりは伸びると思いますが、ＴＯＥＩＣ４００点だった人が、留学に行って６００点になったとしても、そもそも６００点では大手企業を受ける際のアピールには使えません。また学歴の高い方であれば、留学に行かなくても８００点、９００点を取れる人もたくさんいます。私の弟も留学経験はありませんが、東大に入学して最初に受けたＴＯＥＩＣで９７５点を取りました。

２つ目は、留学先での経験を「ガクチカ（学生時代に力を入れたこと）」としてアピールすれば就活で有利になるんじゃないかという考えです。たしかに、留学先でしかできないような活動をしていればアピールになります。

ただ、**留学先でしかできないような活動をできる人は比較的少ない**です。よくあるのが、留学先で日本語を教えるボランティアをしたとか、なんらかのボランティア活動をしたというものです。海外はボランティアの文化が日本よりも根強いことが多く、ボランティア活動は参加しやすいものも多いと思います。

ただ、よく考えていただきたいのですが、外国人に日本語を教えるボランティアは日本でもできます。なんなら、日本にいる外国人は、より切実に日本語を勉強する必要性に迫られているわけですから、より本気度の高い生徒が集まっているともいえます。

そして、日本語を教えるボランティアをやった経験が企業でどう生かせるのかというと、なかなか難しいでしょう。企業に入って外国人に日本語を教える業務はほぼないからです。

以上のことから、「留学に行って普通に暮らしていました」というだけでは何のアピールにもなりません。


さらに、留学をアピールしたいという方の多くは、「留学経験や英語力を生かせる仕事がしたい」とおっしゃいますが、企業として取引先に出しても問題のないレベルの英語力があるわけではないので、理想と現実が乖離《かいり》してしまっているということになりがちです。

また、そもそもそういった英語力を生かせる大手企業は、学歴フィルターではじかれて面接に進めないということも多いです。

とくに学歴が高くない方ほど、「留学に行けば何か変わるんじゃないか」「留学に行けば学歴フィルターを越えられるんじゃないか」のように留学マジックを夢見ているケースが多いものですが、現実はそう甘くないと考えたほうがいいでしょう。

一方、**学歴が高く、もともとそれなりに英語が得意でTOEIC800点程度、という方には、留学はオススメ**です。そうした方が1年間協定校に留学してさらに英語力を伸ばし、TOEICで満点を取って、かつ、現地の大学に通いながら現地の企業で長期インターンをして実際のビジネスに触れたりといった形で、現地でしかできない経験をした場合、留学に行く前よりも行った後のほうがさらに魅力的な人材となり、就活で有利になると思います。たとえば次のような具合です。

「再生可能エネルギーに興味があったので、それについて学べるデンマークに留学に行った。現地では風車について学ぶ機会に恵まれ、日本がエネルギー問題において改善できる部分がたくさん見つかった。帰国してからはエネルギー業界や資源を扱う総合商社を中心に就職活動をしており、将来は日本のエネルギー問題に貢献したいと思っている」

結論、学歴が高くて英語が得意な方は、留学することで就活をより有利に進められる可能性が高まりますが、学歴が高くなくてもともとあまり英語が得意でない人が語学学校に半年間留学しても、就活での加点要素としては期待できません。その場合には経験や思い出づくりと割り切ったほうがいいと思います。

なお、留学においては「いつ行かせるか」も問題になります。

仮に留学期間を1年間と仮定すると、多くの場合、3年生から4年生にかけて、ということになります。しかし、そのタイミングでの留学と就活は、なかなか両立できません。というのも、海外の大学は5月に終わるセメスター制を採用していることが多く、4年生のそのタイミングで日本に帰ってきてもすでに春採用は終わっているからです。必然的に夏採用に挑むことになりますが、するとどうしてもエントリーできる企業の数が少なくなってしまうのです。

では、1、2年生で行くとどうでしょうか。すると、就活には間に合いますが、1、2年生は必修科目が多いため、帰国後に巻き返さないといけなくなります。結局、就活に割ける時間が少なくなってしまうのです。

結果、オススメの留学のパターンは次の2つに大別されます。

1つが、**2年生のうちに協定校留学制度を使って1年間海外に行く**方式です。これなら、3年生の6月には帰ってこられ、夏のインターンにも間に合います。単位もしっかり取れますし、1年生のときの友だちとも関係性を持続できるでしょう。

ただ、どうしても帰国後にちょっとバタバタしてしまう可能性が高いので、インターンが選考直結となっている外資系コンサル・金融会社を受ける場合には少々リスキーかもしれません。

もう1つが、**3年生のうちに1年間留年ないしは休学をして留学する**という方式です。これならサマーインターンの企業やエントリー方法を5月や6月に見ておくことができるため、ある程度の就活のイロハを理解したうえで留学することができます。そして帰ってきてもまだ3年生ですから、そこからサマーインターンや秋・冬インターンに十分な余裕を持って臨むことができます。

ただしこの方式には、同学年の友人とは1年、卒業年度がずれてしまうというデメリットもあります。

というわけで、もし3年生になる頃にお子さんが留学をするならば、1年留年ないし休学させて行かせる、というのがいいと思います。

Q 公務員との併願は可能ですか？

民間企業を受ける際に、公務員との併願をオススメされる親御さんは多くいます。様々なメディアが行なっている「親が子どもについてほしい職業ランキング」でも、例年、トップは公務員ですから、やはり公務員については、いい印象を持たれている親御さんが多いのでしょう。

ただ、印象で公務員を選ばれている方には、３つの落とし穴があります。

1　そもそも公務員の待遇はそこまでよくない

そもそも公務員は給与においても福利厚生においても、待遇がいいとはいえません。

給与においては、「令和３年　国家公務員給与等実態調査」によると、30代で５００万～６００万円となっています。

また、夕張市のように自治体が破綻した場合、労働条件が大幅に悪化します。夕張市は、財政破綻後、職員の給与を18年間、年収平均40％カットすることになりました。これは当然、退職後の年金支給にも大きな影響を受けます。今後、少子高齢化により、税収が減少し財政破綻する自治体は増えていくだろうと予想されます。

福利厚生面で見ても、地方公務員の家賃補助は上限が2・8万円で、大手企業の家賃補助に比べると乏しいです。「公務員には公務員宿舎がある」という方もいますが、現存している宿舎の多くは築30年、40年の古い物件が中心で、学生がイメージするようなキラキラしたマンションではありません。エレベーターなし、エアコンなし、お風呂はバランス釜の和室アパートのようなイメージです。

一方、大手企業では月に10万円の家賃補助が出ることも珍しくありませんし、会社借り上げのきれいな新築マンションに無料で住めるといったケースもあります。

2 「学歴が低いから公務員」は安易すぎる

「学歴が低いから公務員がいいのではないか」という親御さんがいらっしゃいます。「就活と違って学歴フィルターがないから、公務員のほうがいいのではないか」という考えです。その際、検討されることが多いのが「地方公務員」です。「国家公務員は難しいから」ということで、とくに東京都特別区などの地方公務員に人気が集まっています。

たしかに、公務員試験は学歴ではなく、試験の点数で合否のほとんどが決まります。

しかし、公務員試験では、筆記試験で教養科目（高校で学ぶ範囲）と専門科目（大学で学ぶ範囲）の2種類が求められ、現代文や数的推理、政治、経済、法律、化学、世界史など約30科目の幅広い対策が求められます。ちなみに、警察官や消防官でも教養科目は必須です。

そして、東京都特別区の合格者内訳を見ると、早慶やＭＡＲＣＨなど、高学歴の学生が中心となっていることがわかります。学歴が高くないお子さんが、これだけの科目数を勉強し、高学歴の学生に勝てる点数を取るためには、かなりの早期から人の何倍も努力して勉強する必要がある、ということでしょう。

「東京都特別区のような人気どころでなくてもいい、地方都市の公務員で」という方もいらっしゃるかもしれません。しかし、人口流出の大きい自治体では、採用数が若干名（1〜3人）となっており、縁故採用が中心となっているのが実態であることも認識しておきましょう。

3 「公務員と民間企業の併願」は単純に大変

「じゃあ公務員と民間企業の併願で。それならどっちか落ちても安心できる」と思われる方もいるのではないでしょうか。しかし、公務員試験も就活も、同時進行で進めてうまくいくほど簡単ではありません。

実際、「公務員浪人」という言葉があるほどで、半端な気持ちでは合格できません。

そもそも、民間企業の就活対策が大変だというのは、これまでお話ししてきた通りです。アピールのためのネタづくりやSPI・TOEIC対策、ESの作成や面接練習、OB・OG訪問やインターンシップなどやるべきことはたくさんあります。さらに、受けるのは1社だけではありません。何十社、中には何百社と受ける学生もいます。

「公務員と民間企業の併願」と文字だけ見れば簡単そうに見えますが、民間企業への就活自体がそもそも併願です。「ラッキーで一流ホワイト企業に内定できればいい」というのは甘い考えであり、まさに「二兎追う者は一兎をも得ず」の状態になってしまいます。

では、いつまでに公務員か民間企業かを決断すればいいのでしょうか。

答えは、大学3年生の夏までです。大学3年生の夏までに決められれば、夏季インターンシップや秋からの早期選考にも対応できますし、4年生の5、6月に始まる公務員筆記試験にも十分な時間が残されています。大学の3年生の春から公務員対策講座を受けてみたり、気になる企業の夏季インターンシップを見てみたりして、公務員か民間企業かを決めましょう。

ちなみに、「公務員試験に全部落ちたから、今から就活を頑張りたい」という声もよく聞きます。しかし、そこから就活に切り替えるのは、正直オススメしません。公務員試験の結果が出るのは早くても大学4年の6月半ばであり、その頃にはもう、大手企業のエントリーや選考が終わっているからです。

では、公務員試験に全部落ちた場合、どうすればいいのでしょうか？　考えられる選択肢は、以下の通りです。

・公務員浪人

来年頑張るというものです。あと少しだけ点数が足りなかった場合にはオススメです。

・**落ちたらすぐに民間就職**
公務員試験の結果が出るのは早くても6月半ば。その頃には大手企業のエントリーはほぼ全て終わっているので、オススメしません。

・**卒業して既卒で民間就職**
卒業してしまうと既卒になってしまい、新卒求人に応募できなくなるため、かなり不利になります。オススメしません。

・**就職留年して民間就職**
1年の留年ならそこまで不利にはならないため、公務員を諦めるのであれば、オススメの選択肢です。

・**大学院進学**
理系ならこれもオススメです。文系は研究者志望でない学生にはオススメしません。

以上を踏まえ、公務員を併願する際のリスクとリターンをよく検討して挑戦しましょう。

Q 子どもが「就活うつ」になっている。どうすればいい？

本書の冒頭でも示した通り、現代の就活は7人に1人がうつになるほど、ストレスフルでハードなものです。

志望企業にすべて落ちてしまうと、「ああ、打ち手がなくなってしまった……」「自分の人生はもう終わりだ……」「これから何社受けても受かる気がしない……」とうつになってしまうことも。これは**真面目で勉強ができ、そして完璧主義なお子さんほど陥りがち**な症状です。

こういった状況での解決策は、**根本的には志望する企業の内定を取るしかありません。**しかし、塞ぎこんでしまってまったく選考を受けに行かないとなった場合には、別の対処が必要となります。ここでは、お子さんの症状別に、その対処法を書いていきたいと思います。

1つめが、お子さんが、「もう受けたい企業がない」という場合。これは高学歴なお子さんほど陥ってしまいがちな症状です。

この場合には、**キャリアの選択肢を広げてみるようなコーチングをしてあげる**ことがうつからの脱却につながります。たとえば、ＩＴ系の一流ホワイト企業のエンジニアになれなかったとします。ならば、技術力のつく会社に入って技術をつけて、もともと目指していた会社に転職する、というのはＩＴ業界ではよくある話です。この場合は、「就活のリベンジを転職で実現しよう」という励まし方がいいでしょう。

２つめの症状が、「どれだけ受けても受かる気がしない」という場合です。この場合は、選考プロセスのどこかに、必ずネックがあります。

多くの場合はＥＳですが、お子さんによっては面接で不必要なことを話していたり、相手が求めていないことを回答したりしている場合があるかもしれません。**就活スクールなどで模擬面接などの訓練をしていく**だけで劇的に結果が変わることが多いので、お子さんを預けてみてはいかがでしょうか。

Q 子どもが体育会で忙しくしている。これは就活では不利か？

この答えはシンプルで、**「お子さんが部活からコネのある企業に行くなら有利に働くが、そうでない企業に行くなら圧倒的に不利になる」**と考えていいでしょう。

私も東大のテニス部に所属した経験があるのでわかりますが、体育会の中にはいまだにコネのあるところがあります。株式会社ディスコの２０１７年の調査によると、体育会系の就活生は6月の時点での内定率が78・8％であり、一般の76％に比べ、若干高い傾向にあります。内定先に関しても、従業員数５０００人以上の大手企業や上場企業が、一般の学生に比べ、割合として多くを占めています。

この背景には、大企業に勤めているＯＢ・ＯＧがリクルーターについてくれるということがあります。また、部活によっては、ＯＢやＯＧが部室に来て、企業説明会をしてくれることも珍しくありません。あるいは、選考時にも体育会のブランドが通用することもあります。このように、体育会の学生でＯＢとのツテのある場合は、大手企業に内定するのに有利、といえます。

一方、OB・OGとツテもコネもない場合（こちらが大半です）には、体育会への所属は、就活において極めて不利と言わざるを得ません。

とにかく部活が忙しいため、半数以上の学生はインターンに参加できていません。さらに、就活を始める時期が遅くなったり、ESを提出できる社数が限られてしまったり、自己分析や業界・企業研究に割く時間がなかったり……。こういったこともあって、学生たち自身が感じる就職活動の難易度も、他の学生より高くなりがちです。前述の株式会社ディスコの調査によると、体育会の学生の50％以上が、就活を「とても厳しい」「やや厳しい」と答えています。

これらのことから、コネがある場合は有利、そうでない場合は不利、といえるでしょう。

もし、お子さんがコネのない体育会に所属している場合には、せめて早めに就活を始めるように、親御さんが導いてあげるといいでしょう。

Q うちの子は、ゼミにも入っていません。一流ホワイト企業も無理だと思ったほうがいいでしょうか？

ゼミに落ちて入れなかったからといって、それだけで就活で不利になるとは限りません。ただ、ゼミに入っていないことを選考で聞かれることは多いため、そこでの答え方には気をつけたほうがいいでしょう。

どう答えたらいいか、それは、面接官がなぜ、ゼミについての質問をするのかを考えると自然と見えてきます。面接官がゼミについて質問するのは、下記の３つについて知りたいからです。

1　卒業論文、興味や専門分野に関する知識があるかどうか

各ゼミには、それぞれの研究テーマがあり、個性があります。ゼミや卒論のテーマを聞くことで、その学生がどんな知識を持っているのかを知ることができます。つまり、面接官は学生の専門分野や興味範囲について知りたくて、ゼミについて質問をする、ということです。

2　課題に対してどのように取り組むのか

ゼミでは、自ら計画を立てて目標に向かって行動（研究や実験）をすることになります。その中で学生は、テーマの設定から卒論の審査まで、様々な困難に出くわすでしょう。その過程で困難をどのように解決し、何を得たのかを知るために、ゼミについて質問する、というケースは多くあります。学生の成長ストーリーを聞く題材としてのゼミ、というわけです。

3　粘り強さ・勤勉さがあるかどうか

学生の勤勉さはＧＰＡ（学業成績）によっても測られますが、一方でゼミでの活動も重視されます。ですから、理由なくゼミに入っていなければ、大学生活に対してよい印象を持ってもらえません。

お子さんがこれからゼミを選ぶような学年ならば、やはり、興味範囲を見つけて、ゼミには入っていたほうが無難といえます。

もしもうゼミには入れない学年ならば、ゼミに入らなかった理由を、面接官を納得させられる形で考えておくといいでしょう。気に入るゼミがなかったのか、ほかに没頭するものがあったのか、などです。

面接官が、ゼミについての質問でこれらの3つについて知ろうとするのは、ゼミでは必ず、試行錯誤して取り組む課題が与えられるからです。ですから、インターンで問題意識を持って取り組んだとか、サークルの会計業務で自ら計画して行動したとか、ゼミ以外で前記の内容を話せるようにしておけば、「ゼミに入っていないから即NG」とはならないでしょう。

Q 子どもに留年歴がある。就活には不利なのか？

結論から言うと、「留年した理由と、留年中にしたことによる」というのが回答です。これは休学も同じです。

当スクールは、内定を取れた学生がインターンとして業務をサポートしてくれることがよくあります。ある年のインターン生に、住友商事と丸紅の2社から内定をもらった学生がいました。彼は1年間の休学をしています。

彼は休学中に、折り鶴を折りながら、海外、とくに戦地となっている地域を歩き回っていたそうです。大学生という立場をおおいに活用し、彼はこのような経験をしました。それを選考で話したところ、商社の面接官が高く評価してくれた、というわけです。

彼のように、**目的があって休学や留年をすることを好意的に受け取ってくれる企業は多い**ように思います。

私も、前述のように就職休学歴があります。その間にしていたのは、ビジネススクールに通っての実際の営業活動でした。そこでの経験を話せたからこそ、2回目の就活ではデロイトトーマツグループの内定をもらえたのだと今でも思っています。

「1年目に、希望する業界から内定を得られなかったから」というきっかけでも、休学や留年をポジティブに捉え、普段の学生生活ではできないことにチャレンジすれば、就活に絶対不利、ということにはなりません。

Q 子どもが就職浪人をした。もう一流企業にはいけないのか？

前の質問とほぼ同じ質問に思えるかもしれませんが、「就職浪人」と「就職留年」では少し事情が異なるので、改めて説明しておきましょう。

1度目の就活でダメだった場合に取る選択肢は、2つあります。1つめが、**就職留年**で、これはもう一度就活をするために、卒業を1年先送りするパターンです。もう1つが**就職浪人**で、こちらは大学を卒業してしまってから就職活動をする、というパターンです。私のこれまでの指導経験からすると、**就職留年なら一流ホワイト企業から内定を得られる可能性は十分にありますが、就職浪人をしてしまうと難しくなります。**それは、お子さんが学生か否かで、企業における扱いが変わるためです。

就職留年は、言うまでもなく学生です。翌年は、1学年下の学生と、新卒採用市場で戦うことになります。一方、就職浪人の場合は、社会人という扱いになります。社会人経験のある既卒者と第二新卒市場で戦うことになります。つまり、卒業しているかどうかで、戦う市場がまったく変わってしまうのです。

ですから、単純に二度目の就活に挑戦したいならば、留年か休学によって、大学にもう1年留まる必要があります。

ちなみに、私が取った手段は、4年生の12月から1年間休学をして就活にチャレンジする方法でした。私が留年ではなく休学を選んだのは、単位の取得が終わってしまっていたので留年できなかったのと、留年すると1年分学費が余分にかかるから、という理由でした（国立大学の場合、休学には費用がかからないケースがあるので、迷った場合には調べてみるといいでしょう。もちろん、単位の取得状況にもよりますが）。

このように、就職に関しては、浪人か留年かで扱いが大きく違うものですが、当スクールに相談に来られた多くのお子さん・親御さんは、この差をあまり認識していないように見受けられます。浪人といっても、大学受験と同様に「もう一度チャレンジできる」というわけではありませんので、注意してください。

Q うちの子は理系学部ですが、大学院に行かせたほうが就職は有利になりますか？

この、理系学部の就職問題は、本当に多く寄せられる質問です。学部で就職するのがいいのか、大学院まで行かせたほうがいいのか、悩むご家庭が多い、ということでしょう。**理系の学生が一流ホワイト企業から内定を得る、ということを考えた場合には、大学院に行かせたほうが、有利になるのは事実**です。とくに、お子さんのやりたいことがはっきりしない場合、コミュニケーション力が低い場合、特筆すべき取り柄を感じない場合には、大学院に進ませることを検討してみてはいかがでしょうか。私がこのように考える理由は、2つあります。

1つめが、大学院のカリキュラムは、そもそも社会で応用するためにつくられていることが多いためです。これは工学系に限らず、数理系にもいえます。もちろん基礎研究をメインとした研究室もありますが、フィールド調査や企業との共同研究など、実社会で生かせることがたいてい含まれています。そこから、付き合いのある企業に就職する、というケースは多くあります。

2つめは、理系でも多くの学部生は専門性を持っていないためです。そのため、理系学部の学生も多くが総合職や金融系の企業を志望することになります。しかし、その選考では、

「なぜ理系学部なのに、大学院に行かないの？」

「なぜ総合職を希望するの？」

と聞かれることが多くあります。企業の人事担当者の多くが、理系という時点で研究者か開発系、その他バックオフィス系に進むと思っているということでしょう。この食い違い（大学院に行かない理由）を、相手が納得できる形で説明しなければいけないのです。これは大変苦労するポイントだと思います。

もちろん、理系学部で（その延長線上にあると思われる）エンジニア職や開発職などを受けている場合には、この限りではありません。

そうはいっても、大学院にまで行かせると学費がさらにかかるうえに、お子さん自身が、「大学院に行っても、別にやりたいことはない」などと言っている場合には、親御さんは

悩んでしまうことでしょう。

ぜひ、お子さんとその将来をしっかり話し合い、それを踏まえて、大学院に進学するかどうかを決めてください。

Q 就活で有利になる資格はありますか？

次は資格です。「将来の選択肢を増やすために資格を取ったら？」という親御さんの声をよく聞きます。しかし、結論からいえば、私はそもそも資格の取得についてはあまり勧めていません。それにはいくつか理由があります。

1 そもそも「意味のない資格」は取っても意味がない

当たり前ですが、「意味のある資格」を取らなければポジティブな効果は得られません。大手ホワイト企業を目指すうえでアピールにならない「意味のない資格」は次の通りです。

・MOS（マイクロソフト オフィス スペシャリスト）

大手企業で働くに当たって、「パソコンが普通に使える」のは当たり前のことです。「今の学生はスマホばかりでパソコンを使えるのは当たり前ではない。だからMOSは役に立つ」とおっしゃる方もいます。ただ、下と比べても仕方がありません。あくまで「大手企業に内定するレベルの学生であれば」パソコンが使えるのは当たり前、ということになります。

・英検3級、簿記3級などの○○3級

○○3級のような入門資格は、たいてい、誰でも2週間程度の勉強で取れるようなものです。希少価値のない資格では、就活では意味がありません。

・FP（ファイナンシャルプランナー）2級

FPは1級なら意味がありますが、1級を取るには実務経験が必要です。

・秘書検定

今はほとんどの大手企業では、秘書業務は派遣社員にやらせています。秘書検定を取っても一流ホワイト企業には就職できません。

　ここで「意味がない」といっているのは、あくまで大手企業の採用試験を受けるに当たってのアピールにはならない、ということで、これらの資格を「勉強すること」自体を否定するものではありません。

2 「片手間には取れない資格」が多い上に、就職時の必須としている企業はほぼない

　では、どのような資格は意味があるのでしょうか。それは、どの仕事・どの業界に就きたいかで答えが変わってきます。

　たとえば司法試験や公認会計士試験、税理士試験などの難関資格は、職業に就くためには必須です。その意味で、取得すれば可能性が確実に広がりますが、これらの資格は大学生が就活の片手間に取れるものではありませんね。ここではもう少し現実的にオススメの資格を挙げていきます。

・不動産業界→宅地建物取引士（宅建士）
・ＳＩｅｒ→基本情報技術者

・旅行業界→総合旅行業務取扱管理者
・金融業界→中小企業診断士
・物流業界→通関士

これらの資格は、その業界における就職活動を有利に進められる可能性が高まります。ですが事実上、新卒採用応募資格にこれらの資格を必須としている企業はほとんどありません。資格よりも重要視している点がある、もしくは資格は後からでも取れると考えているのです。

もちろん資格を取っていることでその業界への志望度の高さはアピールできますが、資格よりも企業が求めている「ビジネス課題の解決のために頭を使った経験」をしておくほうがはるかに有利になるでしょう。

3　就活生の時間とお金は有限

就活生の時間は有限です。前述したように、就活は年々早期化しており、3年生の春にはサマーインターンの応募という形で就活が始まります。つまり、アピールになるような経験づくりをしておく時間は1、2年生のうちしかないのです。

しかし、比較的時間のある1、2年次でも、インターンシップも資格勉強も学業もとなると、全部が中途半端になってしまいますから、何に時間を使うかは慎重にならなければなりません。時間が無限にあるのであれば、アピールにならない資格を趣味や教養として勉強するのもいいかもしれません。しかし、実際にはあまり悠長にしている時間はないのです。

以上のことから、資格に時間を使うのはやめて、他の活動をすることをオススメします。「じゃあ、何の活動をしたらいいの?」という親御さんにご提案したいのは、**長期インターンへの参加**です。長期インターンは、1カ月以上の比較的長期に渡って、ベンチャー企業などでインターン生として仕事に従事することをいいます。その内容はアルバイトよりも正社員の業務内容に近く、高度なビジネス課題に挑戦するものも多くあります。

ビジネス課題には営業目標達成やウェブマーケティング、システム開発などがありますが、就活を勝ち抜く学生は、この長期インターンに早期から参加して、スキルアップやネタづくりをしているのです。

299ページのグラフを見てください。東大家庭教師友の会の調査によると、東大・早

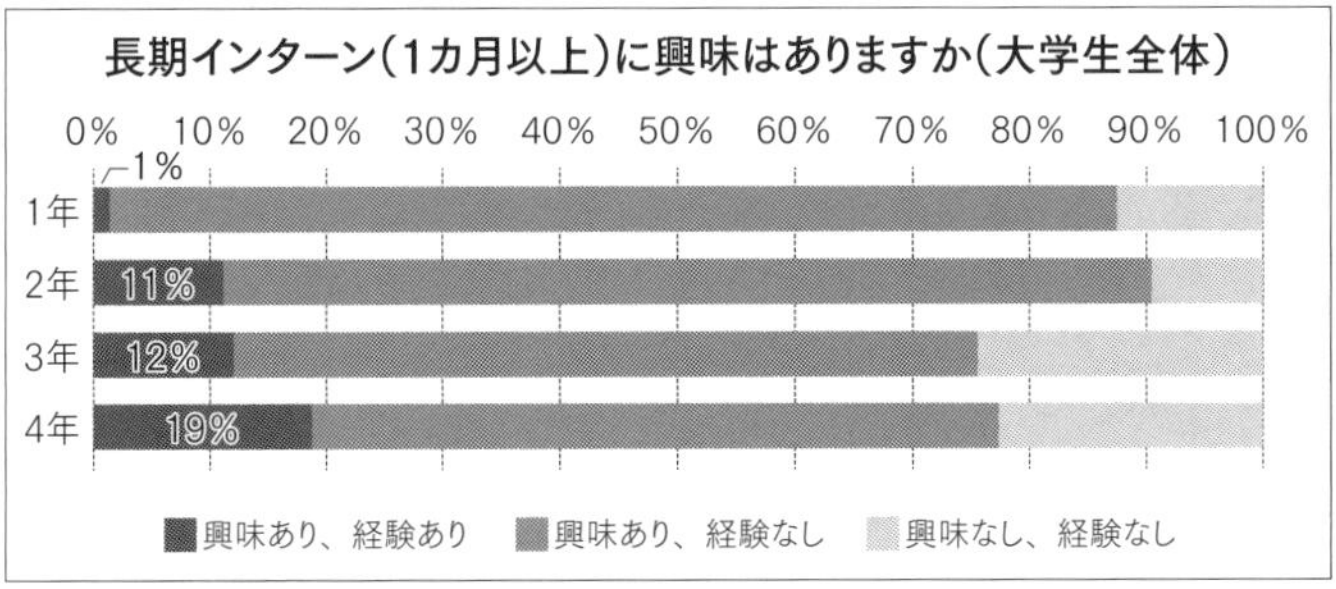

長期インターン（1カ月以上）に興味はありますか（大学生全体）

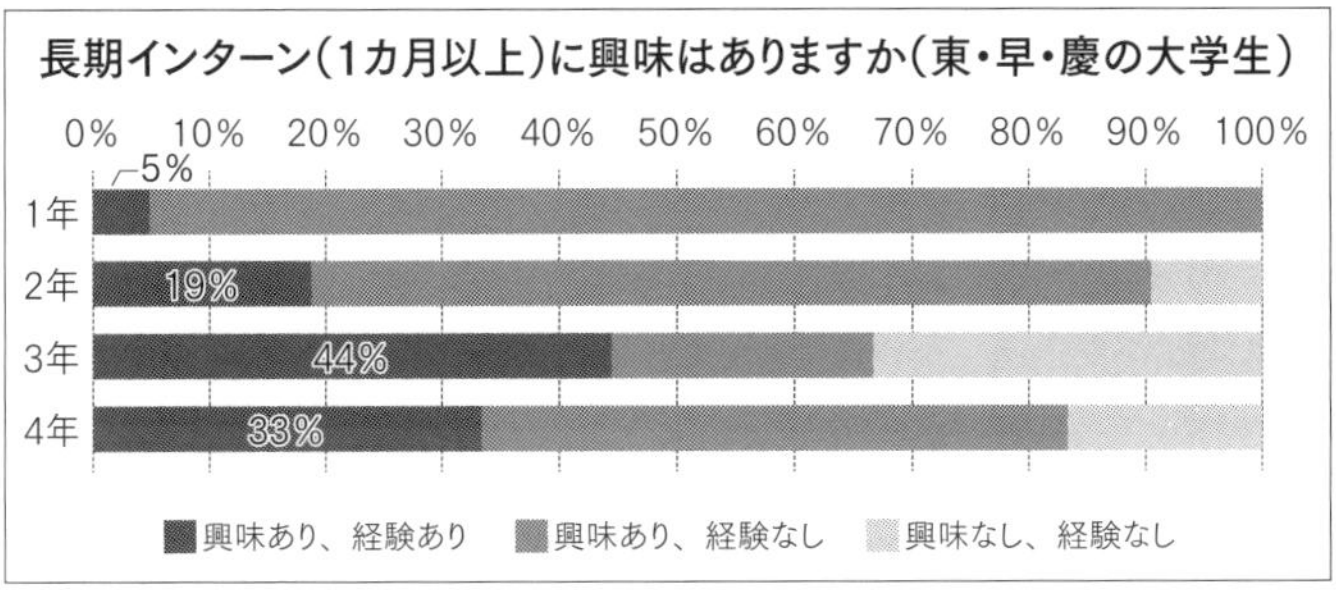

長期インターン（1カ月以上）に興味はありますか（東・早・慶の大学生）

出典：「現役大学生のインターンに関する意識調査」（トモノカイ）

稲田・慶應の大学生は1年生の頃から長期インターンへの関心が高く（100％）、3年生では約半数（44％）の学生が長期インターンを経験していることがわかります。

また、大学生全体と比べると、どの学年でも東大・早稲田・慶應の学生のほうが長期インターンを経験している割合が高いことがわかります。高学歴で早期からインターンに参加し、アルバイトでは身につけられないようなビジネススキルを体得している学生と、大学ではアルバイトとサークルだけやって3年生の終わりから就職説明会に行き始める学生とでは、その差は歴然です。

もちろん、インターンシップへの参加経験がない学生でも大手ホワイト企業の内定を得る人もいます。しかし、選考が早期化する現在の就活で、どちらが大手ホワイト企業の内定がもらえる確率が高いかは考えるまでもありません。

Q うちの子は一般職が向いていると思います。一般職の就職事情を教えてください

私が就活塾ホワイトアカデミーを立ち上げて7年目になりますが、この7年間、毎年毎

年一般職の採用数は減る一方でした。さらに最近、ついに「一般職の採用を中止する」という大手企業が相次いで出てきました。

具体的には、

・三菱商事
・東京海上ホールディングス
・三井住友銀行

などが一般職の採用をなくしています。

２０２０年度の三菱商事の採用ページに次のようなことが書かれていたことが当時話題になっていました。

「新卒採用については例年、ニーズに基づいた採用を行っており、２０２０年度入社のビジネスサポートスタッフ（一般職）については、新卒採用ニーズがないため、採用を見送ることといたしました。なお、２０２１年度以降の採用活動は未定となります」

そして、その後どうなったのかというと、もはや「一般職」の採用ページ自体がなくなっています。「今年は採用しないよ」という挨拶文さえないのです。つまり、「今年は」ではなく「もう」採用しない可能性が極めて高いということを示しています。
同じく、東京海上ホールディングスや三井住友銀行の新卒採用ページからも、一般職の文字は消えています。

なぜ一般職がなくなっているのかといえば、それは「言われたことをやる事務的な仕事」だからです。それはＡＩやＲＰＡ（業務を自動化するシステム）でできてしまいます。

事実、ここ数年で金融系や商社などでは軒並みＩＴコンサルがＡＩやＲＰＡの導入を進めており、一般職の仕事はどんどんなくなっていきました。一般職は採用されなくなっただけでなく、もともと一般職だった人たちが別の仕事への転換を余儀なくされているのが実情です。

一般職の採用活動を行なっている企業は少ないものの、あるにはあります。ただ、一般職として入社したとしても、「これから一般職はなくすことにしました」と企業側が決定する可能性は非常に高いですし、そうなった場合につぶしがきかないというデメリットがあまりにも大きいといえるでしょう。

以上を踏まえると新卒の学生にはやはり、最初から総合職に就くことをオススメします。

Q 新卒で総務や経理、人事の職に就くことはできますか？

結論、新卒の段階で総務や経理や人事などの仕事に狙って就くのは難しいです。理由は3つあります。

1 そもそも職種は選べないから

「営業をやりたくないから総務・経理・人事」という学生さんは例年多いのですが、大手企業や大手のグループ会社の場合、採用の仕方は「総合職採用」となっています。この総合職の中に多くの職種が含まれていて、入社後に配属とともに職種が決まり、その後何年かするとローテーションで職種が変わったり変わらなかったりするわけです。

ですので、自分が「この職種がいい！」と思っていても、自分で部署を選ぶことはできません。希望をヒアリングしたり提出させたりという企業はありますが、全ての社員の希望を叶えるということも無理なので、希望を提出したから希望通りになるというわけでもありません。

2　社内業務の必要人数は少ないから

総合職のうち、採用人数は圧倒的に営業が多いので、ほとんどの人は営業職からスタートすることになります。総務や経理や人事というのはおもに社内業務を担う仕事で、そこまで人数が必要ではありません。

わかりやすい例でいうと、中高で部活をやっていた方は多いと思いますが、ものすごい強豪校で部員が何百人もいるような部活であっても、マネージャーは2、3人という場合が多いですよね。プレイヤーとして活躍する人の数に対して、サポートする側のスタッフというのはそんなに人数が必要ないわけです。これは企業でも同じことがいえます。

プレイヤーとして実際に活動する営業部隊はたくさん必要ですが、それをサポートする社内業務の人数はそんなにたくさんはいらないのです。

3　社内業務は社内の仕事の流れを把握していないとできないから

総務や経理や人事というのは、ある程度、社内の仕事の流れを把握していないと業務にならない場合が多いです。

経理をやるなら「営業部隊がどのようなタイミングでどのような経費を使っているのか」や、「社内のお金の流れがどうなっているのか」を知らないといけません。人事をやるなら「自社の営業はどのような仕事内容で、どのような性格や能力の人が求められているか」を知らないといけないからです。

こういった理由からも、新卒でいきなりこれらの仕事に就くということはあまりなく、社内での経験を積んでから配属することが多いです。

新卒から総務や経理・人事に配属される可能性はゼロではありません。しかし、狙っていけるものではないということを理解しておく必要があるでしょう。

Q わが子の就活の手助けをしたい気持ちはあるが、忙しいし、自分が力になれる気がしない。借りるべきプロの手は？

仕事で忙しかったりしてお子さんに協力できない場合や、そもそも就職試験内容に親御さんがついていけない場合もあるでしょう。そういった際は、下記の外部機関を頼ってみてはいかがでしょうか。

・大学のキャリアセンターや就職課（初歩的な悩み相談に適する）
・就職エージェント（質はピンキリだが新卒を募集している企業を紹介してくれる）
・専門領域の就職に強い教授
・子どもの先輩や、就活を経験した先輩ママ・パパ
・成果に対して責任を負ってくれる就活スクール

それぞれにメリット・デメリットがありますので今のあなたのお子さんの現状に合った選択肢を選ぶといいと思います。

Q 就活スクールを検討しています。どうやって頼りになる就活スクールを見分けたらよいでしょうか？

本書をご覧いただいているからには、当スクールをまずは検討していただけると嬉しいですが（笑）、ここでは、一般的な就活スクールの見分け方をお伝えします。

私は、お子さんを通わせるならば、下記の8つの条件を満たす就活スクールがよいと考えています。

(1)【IQ】IQを伸ばすのに十分なカリキュラムが組まれているか
(2)【EQ】EQを高めるのに十分なカリキュラムが組まれているか
(3)【就活力】就活力を鍛えるのに十分なカリキュラムが組まれているか
(4)【内定保証】内定が出ないと授業料が全額返金されるか。内定保証先はまともな企業か
(5)【個別指導】個別指導中心で授業が行なわれるか
(6)【オンライン対応】すべての授業をオンラインで受けられるか
(7)【書籍出版実績】就活生に人気の書籍を出版しているか
(8)【メディア掲載実績】多くのメディアに取り上げられているか

なお、このすべての条件がそろう就活スクールは、なかなかないと思います。優先順位を決めて、その高いものを満たせるスクールを選んでみてはいかがでしょうか。

Q 子どもの就活をサポートするうえで、親がしてはいけないことはありますか？

就活を応援したい気持ちも、表し方によってはお子さんの負担となりがちです。以下に、お子さんの就活に当たって、親御さんには自粛していただきたいことを挙げておきます。

- お子さんの進路や内定先に関して自分の時代のことを例に挙げて否定する（「ＩＴ企業なんてやめて公務員試験を受けなさい」など）
- 受けるべき企業を親御さんの基準で選んで、リストアップする
- 「この会社・業界に行かないとダメ」と強く縛る
- 面接会場や企業説明会についてくる
- お子さんの内定先を勝手に調べて茶々を入れる
- お子さんの適性を踏まえずに「お前は営業に行け」などの実現可能性の低い進路のアドバイスをする
- お子さんが興味を持っていない企業のコネを持ち出してくる

・兄弟・姉妹・他人の子の情報を流し、比べ始める
・お子さんの欠点ばかり指摘し、直せと迫る
・過去のトラウマ（受験での失敗など）を例に出して、どうせ無理だからと主張する

気遣いは諸刃の剣になることもあります。普段からのお子さんとの関係性次第で、良薬にも毒薬にもなり得ますので、決めつけや押しつけは避けて、様子を見ながらアドバイスしてあげるといいでしょう。

おわりに

本書は、就活を目前に控えていたり、就活真っただ中にいたりするお子さんを持つ親御さんに向けて2019年に発刊した初版を、コロナ禍をはじめとする社会の変化を踏まえ、改訂したものです。本書のノウハウをもとに志望企業を選び、お子さんと一緒に正しい努力をしていただければ、必ずや、一流ホワイト企業からの内定を得られるものと確信しています。

しかし、本書のメソッドは、あなたのお子さんが望む「あらゆる企業」から、内定をもらうためのものではありません。やはり、就活がうまくいくためには、お子さん自身が自分の過去や経験に基づいてストーリーをつくることが必須で、そのストーリーをうまくつくれなければ、IQやEQや就活力をどんなに磨いても、その業界や企業から内定を得るのは、残念ながら無理だと、私は自身の経験から実感しているからです。

私が自分の1回目の就活に失敗した話はすでに何度もしていますが、今、この立場で当時の自身の就活を振り返って思うことがあります。それは、大学2年次の学科選びを間違った、という後悔です。

私は就活時には、外資系投資銀行のプロップ・トレーダーを志望していました。そこでは数学的な能力が必要で、私は数学検定1級に合格していましたので、自信を持って受けました。しかし、結果は惨敗。それは、私自身にストーリーがなかったからです。

私が大学2年生のときに専門として選択したのは、マテリアル工学科でした。その学科は鉄や半導体、医療材料などの素材の研究を行なうところで、卒業生の多くは素材メーカーや、素材の原料を調達する資源・エネルギー関係の会社に就職していました。その例にもれず、私も3年の夏のインターンシップで素材メーカーの工場に行きましたが、しかしどうにもしっくりこなかったのです。

私が大学で選択してしまったのは、鉄をつくったり実験をしたり、ものを組み立てたりする「ものづくり」分野。一方、私が得意としていたのが、数式やエクセル計算などの分野でした。同じ理系内ながら、大きなずれがあったのです。今思えば、計数工学科や精密工学科を選択していれば、私の志望はかないやすかったのではないかと思います。

これこそ、出口戦略を考えなかったというミスです。進路選びを間違え、それを引きずって就活でも、自分のストーリーで語ることができませんでした。

それならば大学院に進学し、自分の望む分野に転向すればよかったと、今ならば思いますが、当時はそのような視点すら、持てませんでした。本書のような出口戦略のキャリアデザインの考え方が普及していなかったからです。

でも、今就活に取り組むお子さんは、違います。こうして、親御さんが出口戦略に目を向け、キャリアについて親子で見定めるための土壌が整っています。

繰り返しになりますが、就活は、「お子さんの熱が入ること」と「どんな長所があるか」を見極める「自己分析」と、それをどの業界・企業ならできるのかという「業界・企業分析」の掛け合わせです。お子さん独自のストーリーこそが、一流ホワイト企業から内定を得るための切符です。

もし親御さんが、「うちの子にはそんなストーリーはつくれない」と思ったとしても、それはお子さんを見くびっています。大丈夫、どんなお子さんにも、「熱が入ること」と「長所」はあるものです。まだ見つかっていなくても、親御さんこそ、それを発見してあげられるはず。

お子さんの「熱」と「長所」を生かせる業界を見定めたら、それに足りないスキルをつければいい。それがあなたのお子さんの、出口戦略です。

それでもまだ迷いや不安が消えなければ、当スクールのような就活スクールの門をたたいてみてください。当スクールでは、学歴・学部・実績にかかわらず平均90日間でホワイト企業に内定するカリキュラムを組んでおり、もしホワイト企業に内定できなかった場合は全額返金するというホワイト企業内定保証もつけています。私のように就職留年をして苦しむ人が出ないように、あるいは、望まぬ企業やブラック企業にしか就職できず人生を棒に振る人が出ないように、何かしら力になれるはずです。

最後になりましたが、本書を執筆するうえでご協力いただいた当スクールの生徒の方々、そして調査に協力してくれた親御様、ならびに編集を手伝ってくれたスタッフ、そして内容面で貢献していただいたジャパンエレガンススタイル協会代表理事の松井先生、株式会社ブライトネスの渡邉会長、ディィミー株式会社代表取締役の大澤社長、加えてコナカ株式会社、日経ＢＰ編集者の宮本さん、そして何より、本書を手に取ってくださっている読者のみな様に感謝申し上げます。

ホワイト企業内定率Ｎｏ．１の就活スクール「ホワイトアカデミー」
校長　竹内健登

内定力診断のご案内

最後まで本書を読んでいただいたあなたに、無料の特典をご案内します。お子さんの就活力と内定レベルがわかる「内定力診断」です。

【内定力診断内容】
・現時点での大学生のお子様のIQ、EQなどのスコア
・スコア別に、お子様が内定を勝ち取るためにやるべきこと

【診断結果の一例】

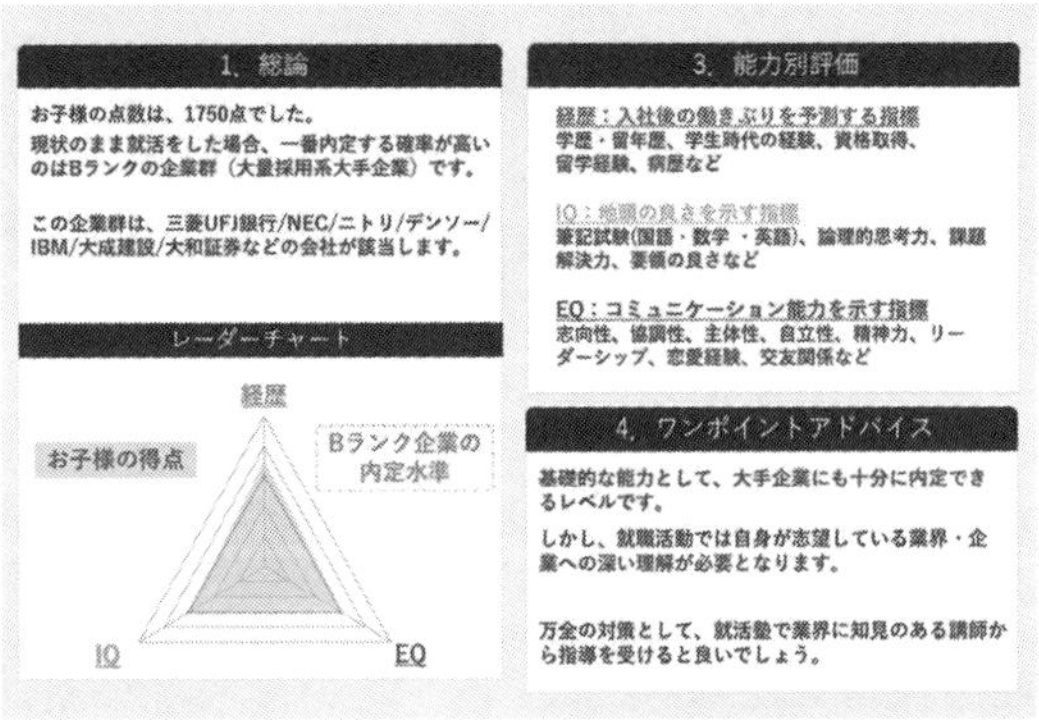

診断スコアは、過去にホワイトアカデミーに在籍していた500人以上の学生のスペックと内定先から割り出された、客観性の高いデータとなっております。なお、この診断は期間限定での一般公開となっておりますので、塾生以外のご家庭には予告なく公開廃止する可能性があります。

公開期間中にぜひ、診断してみてください。
診断はこちらから↓
https://diagnosis.spi-whiteacademy.com/diagnosis/

順位	企業名	業界	求められる人材	合計得点
81	三井不動産レジデンシャル	不動産	チームワークを持って新たな価値を創造するチャレンジ精神を持つ人	79.8
82	日本郵船	運輸	主体性を持って他者を巻き込んで課題解決できる人	79.8
83	安田屋	個人向けサービス・小売・エンタメ	リーダーシップを持っている人	79.8
84	電通国際情報サービス	IT	新しい価値を創造するためにチャレンジすることができる人	79.8
85	アバナード	コンサルティング	変化に柔軟に対応することができる人	79.7
86	Indeed Japan	IT	他者のために貢献する精神を持っている人	79.7
87	キャセイパシフィック航空	運輸	―	79.6
88	キッコーマン	食品	仕事に対して自立的に行動することができる人	79.5
89	Colorkrew	IT	指示を受けて動くのではなく、主体的に行動できる人	79.5
90	A.T. カーニー	コンサルティング	論理的思考力を持ち課題を分析することができる人	79.5
91	伊藤忠丸紅鉄鋼	商社	自分という人間を磨き、自分自身で工夫をして仕事をすることができる人	79.5
92	ポリプラスチックス	化学・セメント・素材関連	多角的な視野を持ち、未知の分野にもチャレンジできる人	79.4
93	日本たばこ産業(JT)	食品	JTで働きたいという「覚悟」を持っている人	79.3
94	フェデラルエクスプレスジャパン	運輸	チームワークを大切にでき、意欲的に新しいことを吸収して挑戦していける人	79.3
95	日本紙パルプ商事	商社	新市場や新分野をリーダーシップをもって、自ら切り拓く姿勢を持つ人	79.3
96	リクルート	人材関連	これをやりたいという主体的な「意思力」がある人	79.2
97	デュポン	化学・セメント・素材関連	未来に対して積極的な変革を起こすことができる人	79.2
98	NTTデータ・フィナンシャルコア	IT	意欲的に学び続けることができる人	79.2
99	ブラザー工業	自動車・機械関連	チャレンジ精神を持ち常に学び続けることができる人	79.0
100	住宅金融支援機構	官公庁・社団	「自ら学び、自ら考えることができる人」、日々の環境変化に対応して「企業文化を変革しようとする熱意と行動力を持った人」	78.9

※合計得点は小数第二位を四捨五入。順位は四捨五入前の得点に基づく。

順位	企業名	業界	求められる人材	合計得点
61	カタール航空	運輸	高度な英語力を持ちホスピタリティが高い人	80.9
62	豊田通商システムズ	IT	お客様の状況を正確に聞き、行うべきことを判断することができる人	80.9
63	P&Gジャパン	医薬品・医療関係・日用品	多様性を認め、協力しあって仕事をすることができる人	80.8
64	インテル	自動車・機械関連	現状に満足することなく常に新しいものを追い続けられる人	80.6
65	NGB	コンサルティング	状況に応じた戦略立案・戦術展開を行う能力がある人	80.5
66	野村アセットマネジメント	金融	自らの強みを生かして＜シン化＞し続ける覚悟がある人	80.5
67	日星電気	化学・セメント・素材関連	自ら考えて行動を起こすことができる人	80.4
68	トヨタ自動車	自動車・機械関連	自ら高い目標を掲げ、周囲を巻き込んで挑戦していく人	80.4
69	東京ガス	石油関連・電力・エネルギー系	自ら変わろうと行動し挑戦と失敗から学ぶことができる人	80.4
70	ケンブリッジ・テクノロジー・パートナーズ	コンサルティング	変革をリードし、自らアクションを起こせる人	80.4
71	freee	IT	ストレッチな環境で自分が成長することができる人	80.3
72	伊藤忠商事	商社	アオくさくて笑われてしまうような、でっかい夢に情熱を燃やせる人	80.3
73	JSOL	IT	目標に向かってチャレンジし、実現する意欲を持った人	80.2
74	ジュニパーネットワークス	IT	誠実さを持ちイノベーションを起こすことができる人	80.1
75	フューチャーブレーン	個人向けサービス・小売・エンタメ	自分と会社の成長のために、仕事を選ばず何でも取り組める向上心のある人	80.0
76	ガートナージャパン	コンサルティング	常に継続性を意識し、顧客が利益を得るためにどう行動すべきか考えられる人	80.0
77	日本GLP	不動産	主体性を持ちチームプレーヤーでコミュニケーション能力を持つ人	79.9
78	Majorel Japan	IT	必要な情報があれば自力でマニュアルから探すほか、メンバーに質問する積極性を持つ人	79.9
79	スリーエムジャパンイノベーション	化学・セメント・素材関連	自分で考え、粘り強く行動できる人 新しいアイデアをお客様とともに活かせる人 周囲の人をリスペクトし、周囲と積極的に関わっていける人	79.9
80	野村不動産	不動産	自らの成長を楽しみ、仲間とともに挑み続ける人	79.9

順位	企業名	業界	求められる人材	合計得点
41	中外製薬	医薬品・医療関係・日用品	製薬会社を通じて社会貢献をしたいと考えている人	82.4
42	Apple Japan	IT	完璧さや理想を追求し、ゼロから何かを生み出すことができる才能豊かな人	82.4
43	サントリーフーズ	食品	コミュニケーション力や対応力のベースとなる「誠実」な人	82.0
44	シンガポール航空	運輸	「先進的」かつ「ホスピタリティ」があり「高レベルのサービス」を提供できる人	82.0
45	味の素	食品	新しいものを築き上げるときに立ちはだかる困難も楽しみに変えられる人 私たちの会社に新しい息吹を吹き込んでくれる人	81.9
46	RSエナジー	石油関連・電力・エネルギー系	社会へ価値を還元したい人	81.9
47	コスモスイニシア	不動産	既成概念を取り払った発想と行動力で新しい価値の創造をすることができる人	81.8
48	アシスト（SIer・東京都千代田区）	IT	顧客に対してフルコミットすることができる人	81.8
49	シンジェンタジャパン	化学・セメント・素材関連	アグリビジネスに共感し、キャリア・リーダーシップを磨くことを求める優秀な人	81.7
50	クラリベイト・アナリティクス・ジャパン	IT	チャレンジを恐れずにイノベーションを起こすことができる人	81.5
51	アンシス・ジャパン	IT	「当たり前」をはるかに超えた仕事に取り組むことができる人	81.5
52	東京エレクトロンテクノロジーソリューションズ	自動車・機械関連	時代の先端を想像し創造できる人	81.5
53	構造計画研究所	コンサルティング	学習意欲の高い人	81.4
54	イグニション・ポイント	コンサルティング	変化を楽しめる人	81.4
55	ゴールドマン・サックス・アセット・マネジメント	金融	知性にあふれ、才能豊かな起業家精神と行動力を併せ持つ、洞察力の優れた人	81.4
56	アステラス製薬	医薬品・医療関係・日用品	顧客との信頼関係を構築し、信頼を得ることができる人	81.3
57	VOYAGE GROUP	マスコミ・広告・メディア関連	創業時からの想い「SOUL」と、価値観である「CREED」に共感し、高い成長意欲と志を持って共に取り組んでいける人	81.3
58	リクルートスタッフィング	人材関連	強い好奇心を持っている人	81.1
59	ロバート・ウォルターズ・ジャパン	人材関連	自らの可能性を諦めずに挑戦を続ける人	81.1
60	トヨタファイナンシャルサービス	金融	自身の強みを発揮し磨き続ける実行力・人間力で百年に一度の大変革を切り拓く人	81.0

順位	企業名	業界	求められる人材	合計得点
21	ナイル（インターネット）	IT	誰かのために、自分のスキルを活かしたり、未来のために、もっと自分を成長させたい。そんなマインドと行動力を持った人	84.5
22	マスワークス	IT	継続的に自己研鑽に励むことができる人	84.3
23	三菱地所	不動産開発	「『志』ある人」「『現場力・仕事力』のある人」「『誠実・公正』である人」「『組織』で戦える人」「『変革』を起こす人」	84.2
24	シスコシステムズ	IT	探究心と高い論理性を持った解決力	84.0
25	電力中央研究所	官公庁・社団	広く社会に貢献しようと考えることができる人	83.9
26	ベイン・アンド・カンパニー・ジャパン・インコーポレイテッド	コンサルティング	ベインのカルチャーやビジネスのあり方に共感し、事の本質を常に見極められる人	83.8
27	AT&Tジャパン	IT	自立自走できる人	83.5
28	アメリカン・エキスプレス・インターナショナル・インコーポレイテッド	金融	「アメリカン・エキスプレス」ブランドに誇りと責任感を持ち、自己のリーダー・シップによって物事に取り組める人	83.5
29	シーメンスEDAジャパン	IT	Questaファミリーのプリセールス活動の一翼を担い、IC論理設計のソリューションを提供しながらIC設計業界の発展に貢献できる人	83.5
30	第一三共	医薬品・医療関係・日用品	既存の枠組みにとらわれず複雑な課題に果敢にぶつかっていく好奇心と冒険心にあふれる	83.4
31	三菱商事	商社	「信・知・力」を兼ね備えている人	83.3
32	エクスペディアホールディングス	IT	ビジネスに対して強い情熱を持てる人	83.2
33	三井物産	商社	自分がやるべき一歩を自分で考えて決めて行動できる自律したマインドを持つ人	83.0
34	日本マイクロソフト	IT	多様なメンバーと共に主体性と情熱をもって「実現したい未来」の創造に挑戦したい人	82.9
35	マイクロソフトディベロップメント	IT	高度なプログラミング能力と高い英語能力がある人	82.9
36	住友商事	商社	世界中で活躍できる資質と高い志を持った人	82.8
37	テクトロニクス&フルーク	自動車・機械関連	イノベーションに興味を持ち、サクセスストーリーをインプットできる人	82.6
38	サイボウズ	IT	チームワークと個性を大切にすることができる人	82.4
39	シュルンベルジェ	自動車・機械関連	主体的に業務を進めようと思える人	82.4
40	ブルームバーグ・エル・ピー	IT	さまざまな角度から物事を捉え、解決策を見いだし、みずから率先して協力し合える人	82.4

巻末付録 一流ホワイト企業ランキング100と求める人材

順位	企業名	業界	求められる人材	合計得点
1	Facebook Japan	IT	高い専門性を持った人	93.4
2	グーグル	IT	「スマート・クリエイティブ」な人	92.4
3	アマゾン ウェブ サービス ジャパン	IT	AWSの良さを理解し、AWSを広めていくことに情熱をもって取り組める人	92.0
4	インクグロウ	コンサルティング	会社のvalueに共感し、自己成長できる人	90.8
5	ISSリアライズ	商社	チャレンジ精神やグループを引っ張っていく力がある人	88.0
6	リクルートマネジメントソリューションズ	人材関連	「自律」と「協働」を通して成長したいと思う人	86.8
7	ヴイエムウェア	IT	主体的に行動でき、自ら課題を見つけて解決できる人	86.7
8	サントリーホールディングス	食品	コミュニケーション力や対応力のベースとなる「誠実」な人	86.7
9	特許庁	官公庁・社団	公共性を持って職務を全うできる人	86.7
10	オートデスク	IT	円滑にコミュニケーションを取ることができる人	86.6
11	マースジャパンリミテッド	食品	個人事業主のように事業を展開して使命を達成できる人	86.5
12	三井不動産	不動産開発	主体性を持って周りを巻き込むことができる人	86.2
13	プルデンシャル生命保険	金融	生命保険を通して社会に貢献できる人	85.7
14	ライズ・コンサルティング・グループ	コンサルティング	様々なテーマのプロジェクトに幅広くチャレンジし自身を成長させたい人	85.5
15	アカマイ・テクノロジーズ	IT	想像力が豊富で、聡明な人	85.4
16	セールスフォース・ドットコム	IT	世界で最も革新的な企業で1万人を超えるメンバーと共に成長したい人	84.9
17	エミレーツ航空	運輸	前向き思考で、チームワークを守りながらすばらしいサービスを提供できる能力を持った人 様々な文化背景を持った人々に対応できる人	84.7
18	旭化成（化学）	化学・セメント・素材関連	未知を恐れず、挑戦できる方 周囲を巻き込み、チームワークを大切にできる方 意欲を持って主体的に行動できる方	84.7
19	アークシステム（システム運用・東京都中央区）	IT	主体的に学び組織に貢献することができる人	84.6
20	Twitter Japan	IT	積極的に自分の能力を発揮してくれる人	84.5

著者プロフィール

竹内健登

（たけうち・けんと）


就活塾ホワイトアカデミー代表。一流ホワイト企業の内定請負人。東京大学工学部卒にもかかわらず、自身の就活に失敗し就職留年した経験から、企業の人材戦略の道へ。

外資系コンサル会社（デロイト トーマツ グループ）にて人材戦略コンサルタントとして採用・研修・キャリアデザイン関連の業務に従事。

新卒の学生が一流ホワイト企業に内定するための独自の方法論を編み出し、就活塾「ホワイトアカデミー」を創立・経営。これまで1000人以上の就活をサポート。塾はホワイト企業内定率100％を誇り、ホワイト企業の内定が出なければ費用を全額返金する返金保証制度が好評。上位大学だけでなく、全国幅広い大学の学生を一流ホワイト企業に導いている。

2019年に『子どもを一流ホワイト企業に内定させる方法』（日経BP）を出版し、「親が子育ての集大成である“就活”に臨む際の必読書」「これができれば本当に一流企業に内定できる」と話題。

塾のYouTubeチャンネルではホワイトな業界の紹介や大手企業の倍率、ESの添削例を公開するなど塾の就活ノウハウを一部紹介しており、月間で30万人以上に視聴されている。

著書には『勉強嫌いな子でも一流難関大学に入れる方法』（日経BP）などがある。


子どもを一流ホワイト企業に内定させる方法　改訂新版

2023年5月8日　第1版第1刷発行

著 者　竹内 健登

発行者　中川 ヒロミ
発 行　株式会社日経BP
発 売　株式会社日経BPマーケティング
〒105-8308　東京都港区虎ノ門4-3-12
https://bookplus.nikkei.com/

デザイン　井上 新八
イラスト　山内 庸資
スタイリングアドバイス　紳士服コナカ（https://www.konaka-jp.com/）
編集　宮本 沙織
制作　一企画
印刷・製本　中央精版印刷株式会社

本書籍に関するお問い合わせ、ご連絡は下記にて承ります。
https://nkbp.jp/booksQA

ISBN978-4-296-00156-9　Printed in Japan　